인성이
경쟁력
이다

고민하는 부모와 교사를 위한 인성교육 길잡이

인성이 경쟁력 이다

민승기 지음

나비의 활주로

진정한 경쟁력,
인성교육만이 답이다

　지난해 전국적으로 인기를 끌었던 드라마 중에 〈응답하라 1988^{응팔}〉이 있습니다. 시청률이 최고 20퍼센트 가까이 되었으니 공중파가 아닌 케이블 방송의 시청률로서는 가히 엄청난 수준을 기록했다고 할 수 있습니다. 그 드라마를 보면서 많은 사람들이 따뜻함, 향수, 추억, 인간미, 우정, 감동, 인정, 행복 등의 단어를 떠올리지 않았을까 싶습니다. 그런데 한편으로 다시는 저런 삶의 모습을 더 이상 찾아보기는 어려울 것 같다는 생각이 들었습니다. 고등학교 시절을 그 드라마에서처럼 보내는 아이들은 거의 없는 현실입니다. 동네에서 이웃과 그렇게 허물없이 지내는 삶도 상상 속에서나 존재할 뿐입니다. 지금의 시각으로 본다면 다분히 사생활 침해 요소로까지 비춰질 수 있었던 당시의 생활 모습은 이제 더 이상 실현 불가능한 과거의 이야기들로 사라진 것입니다. 불과 30년 사이에 너무도 변해버린 대한민국의 모습이 어쩐지 짠하게 느껴지는 것은 비단 저뿐만이 아닐 것입니다. 그래도 저때는 사람 사는 냄새가 났었는데 말이지요.

　분명히 국민 소득은 과거에 비해 상당히 증가했고, 어느 면에서 보든 당시와는 비교도 할 수 없을 만큼 살기가 편해졌음에도 국민 개개인의 삶의 만족도는 그때에 비해 결코 올라갔다고 할 수 없는 이 현실. OECD 국가 중 최하위 50개 부문을 차지하는 우리나라를 어떻게 설명할 수 있겠습니까? 자살률, 산업재해 사망률, 청소년 흡연율, 가장 많은 학업 시간 비중, 어린이와 청소년의 최하위권 행복지수, 이혼 증가율, 낙태율, 15세 이상 술 소비량 등 각종 나쁜 지표들에서 우리나라가 1위를 차지하고 있는 현실입니다.

요즘 전국을 들썩이게 하는 가장 핫^{hot}한 특목고가 있습니다. 바둑 특기생만 받는다고 해서 모든 학부모들이 자녀에게 바둑을 가르친다고 난리도 아닙니다. 그 특목고는 바로 '알파고'입니다. 우스갯소리이지만 어느 곳에 뜨는 학교가 있다고 하면 너도 나도 몰려드는 우리 사회의 풍토가 허탈하기까지 합니다. 우리 교육의 현실은 뭐니 뭐니 해도 좋은 학교에 진학하는 것만을 최고의 목표로 삼고 있습니다.

필자는 리더십 전문가로서 많은 사람들을 만나고 강의를 하면서 부모 리더십에 관심을 가진 지 어느덧 10여 년의 시간이 지났습니다. 이제 우리 사회가 행복해지려면, 소득 수준에 걸맞은 삶의 만족도를 느끼려면 부모, 학교, 사회 모두가 다 같이 변해야 합니다. 그리고 무엇보다 교육이 변해야 합니다. 자기주도 학습법, 창의적 학습법, 토론식 학습법 등의 학습법에 관한 변화도 필요하지만 무엇보다 선행되어야 할 것은 인성교육에 대한 변화입니다. 지금부터라도 인성교육에 관심을 기울이지 않는다면 미래사회의 희망과 다음 세대의 소망은 사라지고 말 것입니다.

그동안 인성교육을 실시하고 있는 여러 기관과 단체를 탐방하면서 아쉽지만 또 하나의 스펙 내지는 사교육으로 전락한 듯한 인상을 받기도 했습니다. 또 인성 관련 책들을 살펴보면 심리학, 철학, 교육학 등 학문적인 관점이 강해서 읽기가 어렵거나 지나치게 개인의 경험 위주로 펴낸 책들이 많았습니다. 이에 필자는 가정에서 부모가, 그리고 학교에서 교사들이 손쉽게 이해하고 교육에 적용할 수 있는, 보다 객관적이고 범용적인 인성 교재가 필요하다는 생각에 이 책을 집필하게 되었습니다. 수년 동안 부모 교육을 통해 인성의 중요성을 강조하기는 했지만, 보다 집약적으로 인성에 초점을 맞추어 인성의 실체를 이해하고 가정과 학교에서 전방위적으로 지도할 수 있는 가이드북이 되기를 바라는 마음으로 책을 썼습니다. 다양한 사회 현상과 미래사회를 조망하면서 학력이 아닌 인성이야말로 진짜 경쟁력이고 필수 스펙이라는 점을 알려드리고 싶었습니다.

지금은 전문지식을 가진 사람들이 넘쳐나는 시대입니다. 또 인간의 부족한 면을 보완할 대체 수단이 너무도 많은 시대입니다. 자율주행 자동차가 등장했고, 세계적인 천재 바둑기사와 컴퓨터가 대결하는 시대입니다. 인간의 지적 능력 이외에 인성이라는 독특한 세계를 잃어버린다면 변화하는 미래사회에 무엇으로 기계와 차별화하겠습니까? 오죽하면 아인슈타인도 인간에게 전문지식만 가르치면 잘 훈련된 개에 불과하다고 했겠습니까?

인성교육을 그저 고리타분한 고전을 배우는 것으로 오해하는 분들이 많습니다. 혹은 단지 말 잘 듣는 착한 사람을 만드는 도덕 교육으로 오해하는 분들도 있습니다. 가정과 학교에서 부모와 교사가 인성교육이 중요하다는 사실을 인지하고 있으면서도 어떻게 접근해야 좋을지 모르는 경우도 태반입니다.

인성이란 결국 '인간의 본성'에 관한 이야기입니다. 인성이야말로 진짜 인간의 성공을 이끌어내는 결정적 수단입니다. 따라서 인성교육은 시대의 변화에 대한 이해를 바탕으로 현실감 있게 효과적으로 이루어져야 합니다. 부모와 교사, 그리고 인성교육을 전문으로 하는 여러 기관의 강사들이 먼저 인성에 대해 올바로 이해해야 합니다. 어렵지 않게 가르칠 능력과 자료를 갖추어야 합니다. 이러한 이유로 필자는 간단하고 객관적이면서 실용성 있는 이 책을 펴내게 되었습니다.

먼저 부모와 교사, 전문강사가 인성교육의 진정한 의미를 숙지하기 바랍니다. 그리고 진정성을 갖고 본인에게 먼저 적용해보기 바랍니다. 리더십 강사가 가장 리더십이 없고, 커뮤니케이션 강사가 가장 소통이 안 되며, 생산성 향상을 강의하는 강사가 가장 비생산적이라는 농담이 있습니다. 나도 잘 못하면서 남에게 잘하라고 강요하는 것은 위선입니다. 그리고 우리의 영특한 아이들은 그런 어른들의 모습을 언제나 명확하게 간파합니다.

이 책을 통해 어른들이 먼저 변화를 맞이하고 아이들의 변화까지 이끌어 내는 놀라운 기적을 만들어보면 좋겠습니다. 아프리카 속담에 "한 아이를 키우려면 온 마을이 필요하다"고 했습니다. 내 아이의 성적에만 관심을 기울일 것이 아니라 우리 아이들의 인성을 바라볼 때입니다. 우리의 뒤를 이을 세대에게는 인간미가 넘치고 행복 지수가 올라가는 사회를 물려줘야 하지 않겠습니까? 갈수록 양극화되어가는 이 사회를 다시 정상으로 되돌릴 방법은 인성교육뿐입니다. 죽기 살기 식의 경쟁구조에서 벗어나 비인간적인 삶의 현실을 개선할 유일한 희망은 인성의 회복뿐입니다. 매년 교통사고보다 자살로 사망하는 청소년들이 더 많은 우리나라, '정상인 듯 정상 아닌 정상 같은' 우리 사회의 건강한 회복을 위해서는 인성교육만이 답입니다.

안성의 포근한 수양관에서

민승기

부모가 먼저 배우는 인성교육

정확하게 알지 못하고 어렴풋이 알고 실행할 때 문제가 생기는 경우가 있습니다. 자녀교육도 마찬가지입니다. 분명 중요한 부분이라고 생각하면서도 그 내용과 방법에 대해 어렴풋이 알거나 자녀들에게 문제가 생겨도 그 원인이 어디에 있는지 도통 모르겠다고 호소하는 분들이 많습니다.

성품과 지혜보다는 지식의 축적과 성공을 목표로 교육하는 시대가 된 지금 가정에서의 인성교육은 한층 더 중요해졌습니다. 사회 분위기가 이런 때일수록 자녀교육을 어떻게 하면 좋을지에 대한 지침서가 더욱 절실해지는데, 이 책은 자녀들에게 어떤 성품을 길러주어야 하고 우리가 다음 세대를 교육하는 과정에서 간과하기 쉬운 부분들이 무엇인지 짚어주며 작은 길잡이 역할을 충실히 하는 책이라는 생각이 듭니다.

이 책의 저자는 아이들을 어떻게 교육할지에 대한 방법론적인 부분을 논하기 이전에 교육의 주체가 되는 부모들의 인식 전환을 먼저 꾀하며 올바른 교육으로 이어지게 하는 효과를 부추깁니다. 아이들이 가장 많이 영향을 받고 삶의 모습을 배워나가는 가장 큰 교육의 장은 바로 가정이고, 가장 영향력 있는 선생님은 바로 부모이기 때문입니다.

정직, 책임, 존중, 배려와 같은 보기만 해도 마음이 훈훈해지는 단어들이 이 책에서 강조하고 있는 인성 덕목들입니다. 사실 아이들뿐만 아니라 어른들도 배워야 할 단어라고 할 수 있을 만큼 우리 사회에서 결여된 덕목들이라 안타까운 마음이 들기도 합니다. 그러하기에 더더욱 우리의 아이들에게 이러한 인성교육이 꼭 필요하다는 것에 모두가 동의하는 것이고, 그러한 소망들을 실현시키기 위해 출간된 이 책이 바로 '행복한 인성교육 길잡이'가 되어줄 것입니다.

이 책을 읽는 모든 분들과 그 자녀들이 이 세상의 빛과 소금이 되어 많은 이들의 귀감이 되시기를 바라며 이 책을 추천 드립니다.

한기붕 _ 극동방송 사장

인성교육을 통해 사회적 선순환 구조 만들기

언제부터인가 우리 사회에서 '인성'이라는 용어가 사용되기 시작하더니 어느덧 대세가 되어버렸습니다. 인성을 중심으로 학계와 교육계에 새로운 패러다임의 전환이 일어나고 있기는 한데 그 뜻을 이해하기는 쉽지 않습니다. 인성교육진흥법에서도 '자신의 내면을 바르고 건전하게 가꾸고 타인, 공동체, 자연과 더불어 살아가는 데 필요한 인간다운 성품과 역량'이라고 인성의 개념을 정의해두고 있지만, 이 규정만으로는 교육에서 지향하는 올바른 인성이 과연 무엇인지 파악하기가 쉽지 않습니다.

2014년 8월 일본 사법복지학회의 초청으로 강연을 갔을 때 '인성'이라는 단어를 사용하자 통역하시는 분이 일본어로 통역하기가 어렵다고 했습니다. 그래서 가장 근접한 단어로 통역해보라고 했더니 '사회성' 정도가 인성에 대체될 수 있는 용어라며 그렇게 통역해주었습니다. 이러한 상황에서 저자의 책을 통해 인성의 개념에 관해 나름대로 이해하는 시간을 갖게 되어 다행이라고 생각합니다.

우리 사회에서 왜 우리가 어릴 적 주로 사용하던 '사회성'이나 '도덕성'이라는 용어 대신에 인성이라는 용어를 새롭게 부각시키고 인성교육진흥법이라는 법까지 만들게 되었을까요? 인성교육을 자율적이 아니라 강제성을 띤 법에 의존할 수밖에 없을 정도로 이 사회 구성원들의 인성에 문제가 많을까요? 인성교육 관련 글을 읽을 때마다 이런 의문이 들었는데 이 점에 관해서 저자는 이 책의 1장에 자신의 의견을 잘 정리해주었습니다.

2장에서는 정직, 책임, 존중, 배려, 소통, 협동, 예, 효라는 인성교육을 위한 여덟 가지 덕목의 설명을 통해 인성교육의 방향을 제시하고 있습니다. 저자가 제시한 여덟 가지 덕목을 포함한 대부분의 인성 덕목의 공통분모는 '양보하기'나 '손해 보기'와 같은 이타적 태도입니다. 하지만 인간은 기본적으로 이기적인 존재입니다. 개인으로 하여금 이기심을 억제하고 이타심을 발휘하게 하려면 그 개인이 이타적인 행동을 했을 때 상대방도 그 개인이나 또 그 이외의 다른 사람에게 이타적인 행동을 하는 선순환의 사회구조가 바탕이 되어 있어야 합니다. 하지만 우리 사회는 그러한 구조가 제대로 만들어져 있지 않고 불신과 극단적인 이기주의가 팽배해 있습니다. 인성교육의 출발점은 이러한 구조를 바꾸기 위한 사회적 운동에 있다고 생각합니다.

타인에게 해를 끼치지 않는 것을 출발점으로 삼는 인성은 '사람과의 부대낌'을 통해 함양되고, 개인의 행복 추구를 최종 목표로 삼는 인성은 '홀로 되는 것을 두려워하지 않는 정신'에서 배양됩니다. 이 책의 3장에 제시된 방식은 인성 함양에 있어 많은 도움이 될 것으로 생각합니다. 모쪼록 이 책을 읽는 모든 분들이 행복해지시기를 소망합니다. 여러모로 한국사회의 구성원들이 어려움을 겪고 있는 이 시기에 좋은 책을 집필해주신 저자에게 경의를 표합니다.

천종호 _ 부산가정법원 부장판사

인간의 기본을 재점검해야 할 터닝 포인트

최근 세간의 관심과 이목을 집중시킨 인공지능 알파고와 인간 이세돌의 바둑 대결을 계기로 미래사회에 대한 사람들의 인식이 한층 더 다양해졌습니다. 일부 사람들은 인간이 로봇의 지배를 받는 세상이 실현되는 게 아닌가 하는 우려마저 내비치고 있습니다. 이번 이슈를 계기로 과연 인간의 본질은 무엇이고, 인간과 기계의 차이는 무엇인지 심도 있게 생각하게 된 것도 하나의 큰 수확일 것입니다.

한편 자녀를 학대하거나 방치하여 문제를 일으킨 끔찍한 사건들이 최근 유난히 많이 보도되고 있습니다. 그런가 하면 젊은 세대의 각종 일탈 행위와 학교 폭력 문제가 정부의 국정 운영 방향을 결정하는 데 영향을 미치기도 합니다. 이런 상황에서, 사회 곳곳에서 인성 회복에 대한 필요와 염려의 목소리가 대두되고 있고 급기야 인성진흥법이 시행된 세계 최초의 나라가 되었습니다. 나라의 미래를 걱정하는 일부 지식인들도 동방예의지국이라는 우리의 전통적인 자랑거리가 이제는 동방무례지국의 오명으로 추락하고 있다고 한탄하고 있습니다. 어찌하여 이런 가슴 아픈 현실을 마주하게 된 것일까요?

기업들은 세계화된 경쟁 속에서 치열하게 고군분투하고 있지만 수년 동안 우리나라의 경제 환경은 좀처럼 나아질 조짐이 보이지 않고 있습니다. 변화의 시대 한복판을 걸어가는 기업과 사회의 관점에서도 리더와 구성원의 인성이 뒷받침되지 않는 실력은 이제 더 이상 의미가 없다는 것이 여러 자료를 통해 검증되고 있습니다.

4차 산업혁명의 시대에 창의성과 도전정신이 더욱 요구되고 있습니다. 우리의 무한한 잠재력을 창의성으로 발휘해야 할 때입니다. 그러나 창의성에 앞서 올바른 인성이 먼저입니다. 이제 우리는 국민 개개인의 인성 회복과 인성에 대해 보다 근본적으로 접근하는 것이 중요합니다. "기본으로 돌아가라"는 말이 있듯이 우리에게는 지금이 다시금 인간의 기본을 재점검해야 할 터닝 포인트가 아닌가 생각합니다. 이런 시점에 인성교육의 길잡이가 되어줄 이 책이 출간된 것은 매우 뜻깊은 일입니다. 특히 우리의 미래가 걸려 있는 청소년의 인성을 바로 세우기 위한 가이드북이라는 점에서 인성교육을 제도권 교육으로 접근해야 할 학교의 교사와 전문강사는 물론, 궁극적으로 인성교육을 책임져야 할 부모들의 필독서가 될 것이라 믿습니다.

이 책은 오랜 기간 리더십 전문가로 활동해온 저자의 안목과 풍부한 경험을 바탕으로 한 흔치 않은 인성교육 지침서인 만큼 훌륭한 길잡이 역할을 할 것입니다. 인생이란 성공을 위한 전쟁이 아니라 더 나은 인간으로 성장하는 과정임을 깨닫게 하는 지혜를 나누는 계기가 되길 기원합니다.

김영헌 _ 경희대 겸임교수, 전 포스코 인재개발원 원장

더불어 살아가는 행복한 세상 만들기

다보스포럼의 보고서에 의하면 인공지능이 이끄는 4차 산업혁명이 시작되어 5년 이내에 현존하는 직업 중 700만 개가 사라지고, 새롭게 200만 개 정도가 생길 것이라고 합니다. 이제 우리는 인간 간의 치열한 경쟁을 뛰어넘어 기계와 경쟁하는 시대를 살게 될 것입니다. 그러한 미래시대에 필요한 최고의 경쟁력은 무엇일까요? 그것은 바로 다양한 개념을 새롭게 해석하는 능력, 체험을 통해 세상을 다르게 이해하는 능력, 우리 세계가 지향해야 할 바람직한 방향을 설정할 수 있는 지혜 등일 것입니다.

무엇보다도 인공지능 덕분에 인간다운 교육으로 돌아갈 것이며 행복하게 사는 것이 무엇인지, 인간의 본질이 무엇인지 탐구하기 위해 아마도 철학, 인

문학, 역사학이 인기를 끌게 될 것입니다. 주변을 살피는 따뜻한 마음, 협력하고 소통하며 스스로에게 정직하고 공동체에서 책임을 다하며 인간의 가장 기본적 도리인 예와 효를 요구하게 될 것입니다. 하지만 그런 역량과 가치들이 필요하다고 해서 지금까지 우리가 그래 왔듯 아이들에게 일방적으로 요구하는 것은 바람직하지도 않을뿐더러 가능하지도 않을 것입니다.

"엄마가 나 없을 때 내 방에 들어오지 않게 해주시고, 엄마가 시험 기간에 내 방에서 뜨개질하지 않게 해주시고, 엄마가 나에게 너 하나 보고 산다고 말하지 않게 해주시고, 무엇보다 엄마가 나를 위해 기도하지 않게 해주세요"라는 '청소년의 기도'를 읽으며 웃기면서도 서글펐던 기억이 있습니다. 내 아이를 이러러한 사람이 되게 하여 달라는 우리 부모들의 기도와 그 기도가 현실이 되도록 살았던 무조건적인 헌신의 삶, 아이들의 재능이나 적성과는 거리가 있는 어른들의 왜곡된 요구에 부응하지 못하는 아이들이 미래사회가 요구하는 가치들에서 점점 멀어지며 무기력한 모습을 보이게 된 것은 아닌지 모르겠습니다.

지금 행복하지 않은 아이가 행복한 어른으로 성장할 가능성은 매우 낮습니다. 행복한 삶을 꾸려갈 수 있도록, 스스로 신뢰와 높은 기대를 갖고 살아갈 수 있도록, 자존감을 높일 수 있는 제도적 장치에 대한 고민과 학교문화를 바꾸는 일, 부모와 교사의 역할에 대한 성찰이 무엇보다 시급하지 않을까 싶습니다. '인간답게 살아가기'는 가르치고 배우기 전에 좀더 자연스럽게 일상 속에서 이루어지기를 소망합니다.

가르침은 말과 글이 아니라, 요구와 주장이 아니라 삶으로 보여주는 것이라고 했습니다. 힘들어하고 지쳐 있는 아이들에게 어른들이 먼저 다가가 손내밀고 말을 걸며 정성을 다해 아이들의 마음을 흔들어놓는 자세가 필요합니다. 그래서 아이들이 진심으로 사랑받고 있다는 느낌을 가질 수 있도록 하는 것이지요. 사회에서, 학교에서 아이들이 자기 목소리를 낼 수 있도록 하는 것, 각자가 가지고 있는 재능과 역량으로 도전하고 실패하고 다시 일어설 수 있는 기회를 많이 만들어놓는 것은 어떨까요?

가장 지혜롭지 못한 부모^{교사}는 아이들을 자랑거리로 삼으려고 하는 것이라 했습니다. 반대로 가장 지혜로운 부모^{교사}는 아이들이 자랑할 수 있는 부모^{교사}가 되는 것이라 했습니다. 어른들의 삶이 오롯이 아이들에게 전이되는 가르침! 성공을 위한 수단으로서의 인성이 아니라 더불어 행복하게 살아가기 위해서 인성이 강조되었으면 합니다. 늘 그런 자리에서 우리에게 큰 가르침을 주시는 민승기 행복비전 연구원장님의 목소리가 우리 사회에 좀더 널리 퍼지고, 그의 활동 반경이 더 크고 넓어졌으면 합니다.

이범희 _ 참여소통 교육모임 대표, 전 홍덕고등학교 교장

4차 산업혁명과 인성의 역할

인류는 정보통신 및 과학기술의 발전으로 인해 사물인터넷, 인공지능, 빅데이터 등을 기반으로 하는 제4차 산업혁명의 시대에 접어들고 있습니다. 지

금까지 지구상에서 일어나지 않았던 전대미문의 상상할 수 없는 세상이 다가오고 있는 것입니다. 앞으로 여태껏 경험하지 못한 새로운 세상이 펼쳐지게 될 전망입니다. 이제 사람의 힘과 지식을 인공지능, 빅데이터를 기반으로 딥러닝Deep Learning, 다량의 데이터로부터 높은 수준의 추상화 모델을 구축하고자 하는 기법이라는 기계지능이 대체해나갈 것입니다. 이러한 불확실하고 예측 불가능한 미래사회의 도래는 인성 중심의 기본적인 삶을 더욱 중요한 가치로 부각시킬 것입니다.

세계적인 석학들의 견해를 보더라도 인터넷의 발달을 통한 산업 구조의 변화에 이어서 향후 인공지능의 접목을 통한 산업계 및 사회의 변화는 실로 엄청난 결과를 만들 것입니다. 현재의 직업과 우리 자녀들이 어른이 될 즈음의 직업은 매우 판이한 양상을 보일 것이 분명합니다. 따라서 지금부터 학교 교육을 비롯해 기업에서도 역량 개발의 방향과 방식을 빠르게 변화시키고 수정하지 않으면 미래사회에 아이들의 적응력은 매우 불안정해질 것입니다.

문제는 부모와 교사를 포함한 기성세대의 인식 전환이 필요하다는 것입니다. 과거의 전통적인 접근법으로 가정과 학교에서 아이들을 가르친다는 것은 난센스입니다. 기업에서도 가장 필요로 하는 인재는 인성을 갖춘 창의적인 인물입니다. 지식의 수준을 아무리 높인다 해도 인공지능의 시대에 그것만으로 경쟁력을 갖추기엔 역부족입니다. 인간다움을 기본적으로 갖춰야 합니다. 자신밖에 모르는 헛똑똑이들은 조직에서 경쟁력이 없습니다. 문과와 이과를 통합해 융복합적인 인재를 양성하는 시대에 그 기초가 되는 것은 바로 인성입니다. 인성의 바탕 위에 역량을 쌓아야 하는 것입니다.

이 책에서 제시하고 있는 정직, 책임, 존중, 배려, 소통, 협동, 예, 효의 여덟 가지 인성 덕목들은 창의성과 관계성이 중요해지는 미래사회에 더할 나위

없이 중요한 삶의 기본 요소들입니다. 단순하게는 가정에서 자녀교육의 지침으로 삼아야 하는 덕목이면서 좀 더 나아가면 기업과 사회에서도 반드시 필요한 사회성의 기초인 것입니다. 이에 인성 교육 담당자, 부모, 교사는 물론 학교, 기업 등 모든 조직의 종사자에게 유용한 지침서가 되리라 확신하며 일독을 권하는 바입니다. 매우 적절한 시기에 좋은 책을 출간하게 되심을 다시 한 번 축하드립니다.

고동록 _ 현대모비스 이사, 전국 기업독서동아리연합회 회장

이래도 인성을 외면할 것인가?

P A R T 1

인성교육, 무엇을 가르칠 것인가?

P A R T 2

인성교육, 어떻게 가르칠 것인가?

1장에서는 인성교육의 주체가 되는 어른들이 오늘날의 한국사회가 어떤 상황에 처해 있으며, 왜 인성교육에 온 힘을 쏟아야 하는지에 대한 현실 인식을 강조하고자 합니다. 단순히 우리나라의 사회적 병폐와 어두운 면만 부각시키려는 것이 아니라 어른들이 먼저 삶의 현실을 제대로 인식하고 아이들에게 인성교육을 올바로 해야 한다는 당위성을 심각하게 느끼도록 하기 위함입니다. 인성교육의 필요성과 긴급성을 어른들이 절실하게 인식하지 못하면 이는 결코 시행될 수 없습니다. 아무리 진학과 취업이 중요한 이슈라고 해도 인성을 갖추도록 양육하고 교육하지 않는다면 단언컨대 실패한 인생이 될 것이 분명합니다. 이런 공통된 인식이 없는 인성교육은 헛된 노력이 될 뿐이라는 것을 전제로 이 내용을 이해하시기 바랍니다.

- ○ 헬조선과 수저론의 함정
- ○ 범죄와 학교 폭력의 수렁에 빠진 아이들
- ○ 어른들의 틀에 갇힌 아이들의 꿈
- ○ 대학생활의 낭만은 어디로?
- ○ 어른도 이겨내기 힘든 삶의 현실
- ○ 아시아의 호랑이에서 쫓기는 고양이 신세로!
- ○ 취업의 새로운 트렌드, 인성은 경쟁력이다

PART 1

이래도
인성을
외면할 것인가?

나에 대한 자신감을 잃으면
온 세상이 나의 적이 된다.
랄프 왈도 애머슨

헬조선과
수저론의 함정

헬조선, 너무도 살기 힘들어서 우리나라가 마치 지옥 같다고 요즘 청년 세대들이 만든 말입니다. 그리고 수저론은 조선시대처럼 신분의 구별이 생겨서 신분에 따라 삶의 모습이 다르게 정해진다는 자조 섞인 말입니다. 21세기에 조선시대로 회귀했다니요. 어쩌다 우리 사회가 이런 지경에 이르렀을까요?

세계 12위권의 경제력을 가진 우리나라에서 청년들이 차지할 변변한 일자리 하나 찾기 어렵다는 것은 굉장히 아이러니한 일입니다. 청년 실업률은 10퍼센트를 기록하고 있으며, 그나마도 정규직은 하늘의 별 따기입니다. 요즘 난무하고 있는 신조어들을 보면 이태백20대의 태반이 백수, 인구론인문계의 90퍼센트는 논다, 삼일절31세까지 취직 못하면 절대 안 된다, 십장생10대도 장차 백수를 생각 등 취업하기 힘든 현실을 비판하는 단어들이 많습니다.

어렵사리 취업을 했다가도 1년 이내에 퇴사하는 비율이 무려 25퍼센트에 육박합니다. 남들은 못 들어가서 안달인데, 누구는 못 나가서 안달인 것입니다. 그들이 퇴사를 하는 이유는 물론 다양하지만 가장 대표적인 것으로는 적성에 맞지 않는다는 이유가 가장 큽니다. 무엇보다 자신들이 생각했던 회사가 아니라는 것입니다. 이런 잡일을 하면서 무슨 비전을 찾을수 있겠느냐는 것입니다. 물론 상사와의 마찰을 견디지 못하고 그만두는 경우도 많습니다. 아무튼 너무 빨리 퇴사를 결정한다는 것은 문제입니다.

때로는 괜한 시간 낭비 말고 다시 적성과 비전에 맞는 직장을 찾기 위해 노력하는 자세가 필요할 수도 있지만 대개는 성급하게 결정을 내립니다. 세상 어디에서도 신입 직원에게 그럴듯한 업무를 맡기고 중요한 프로젝트를 맡기는 경우는 없습니다. 조직의 본 모습을 깨닫고 전체적인 분위기를 파악하는 데만도 수개월은 족히 걸립니다. 그동안에는 허드렛일도 마다해서는 안 됩니다. 자신의 커리어에 관련된 문제를 신중하게 고민하고 의사 결정을 하기에 1년 미만의 시간은 너무도 짧은데 섣불리 퇴사를 결정해버리는 모습에 참으로 안타까울 따름입니다.

**헬조선의
주범은 누구?**

헬조선이라는 말이 취업을 목전에 둔 청년들에게만 해당하는가 하면 그것도 아닙니다. 이미 초등학교 때부터 치열한 경쟁은 시작되기 때문입니다.

시장조사 전문기업인 마크로밀엠브레인의 2015년 통계자료에 의하면 초등학생의 94.6퍼센트가 사교육을 받고 있다고 합니다. 월 평균 40만 원의 사교육비를 지출하고 있는데, 문제는 90퍼센트의 학부모들이 다른 집에 비해 사교육비를 적게 지출하고 있다고 응답했다는 것입니다. 사교육 과목으로는 영어가 압도적으로 많았으며, 그다음으로는 예체능 과목이 차지했습니다. 아이들의 특기와 적성을 개발하기 위해 예체능 과목을 사교육에 주로 의지한다고 합니다. 줄넘기 과외, 농구 슛 과외도 이제 더 이상 생소하지 않은 분위기입니다.

그렇다면 자녀의 사교육에 가장 걸림돌이 되는 것은 무엇일까요? 당연히 첫 번째는 경제력입니다. 그다음 장애물은 아이와의 감정싸움입니다. 이것이 가장 큰 문제인 것입니다. 아이와의 치열한 감정싸움을 통해 사교육을 강제로 시키고 있으니 아이들의 행복감은 어떻겠습니까?

한국방정환재단의 2014년 어린이-청소년 행복지수 국제 비교연구 결과에 따르면 우리나라 어린이의 물질적 행복지수는 OECD 국가 중 3위로 매우 높게 나타났습니다. 그러나 아이들의 주관적 행복지수는 100점 만점에 74점으로 꼴찌를 기록했습니다. 초등학생이 이 정도라면 중·고등학생은 어떻겠습니까? 경기도 내의 초·중·고교 학생들의 행복도 조사에 의하면 중학생의 행복도가 가장 낮은 것으로 나타났습니다. 중학생의 경우 과도한 학업 부담과 빠듯한 스케줄로 인해 가장 스트레스가 심한 것으로 해석됩니다. 오히려 고등학생은 정신적인 성숙도가 뒷받침되어 현실에 적응하는 모습을 보이지 않나 싶습니다.

〈중앙일보〉와 경희대가 조사한 우리나라 청소년의 인성 조사 자료를 보면 중학생의 경우 정직, 배려, 자기조절 항목의 점수가 확연히 낮게 나옵니다. 80점 정도는 되어야 양호한 것인데 평균 60점 수준으로 나타납니다. 중학생 시절부터 정직하지 못한 모습으로 살아가고 타인을 배려하는 것에 서툴며 자신의 감정을 조절하기 힘든 상황에 놓이다 보니 이는 곧 학교 폭력으로 이어지며 우울증에 시달리는 일이 증가하는 것입니다. 그런데도 부모들은 성적에만 눈에 불을 켭니다. 고등학교의 진학은 곧 대입에 영향을 주기 때문에 오직 책상 앞에 오래 앉아 공부만 열심히 한다면 인성 등 다른 항목은 뒷전입니다.

학교 폭력 사건의 경우 대부분 가해자 부모의 태도에 문제가 있습니다. 그들은 주로 피해자를 위로하고 사과하기보다는 자기 자녀의 학업과 생활기록부 기록을 먼저 걱정하는 모습을 보입니다. 어떻게 해서든 피해자와 합의 내지는 사건을 무마하는 데에만 온통 초점을 맞추는 부모를 보면서 가해자 학생은 학습효과를 얻게 됩니다. 즉, 사고를 쳐도 부모님이 알아서 해결해준다는 그릇된 믿음으로 재차 잘못을 저지르기 십상입니다. 자신의 잘못을 통해 배우고 개선해나가기는커녕 오직 나만 아니면 된다는 삐뚤어진 신념만 키울 뿐입니다. 아이들에게 성적보다 우선인 것은 없다는 가치관을 심어줄 당사자는 다름 아닌 부모입니다.

게다가 지금 우리 아이들에게는 절대적으로 공간이 부족합니다. 인성을 키우고 배울 공간이 부족합니다. 가족과의 유대감조차 소멸된 핵가족 시대를 살고 있기에 정서적인 유대 공간이 없어졌습니다. 인구의 80퍼센트 이상이 도시에 살다 보니 자연을 접하고 감성을 자극할 물리적인 공간도 없어졌습니다. 주위에는 온통 회색빛 콘크리트 건물 아니면 휘황찬란

한 조명들뿐입니다. 학교와 사교육 현장만을 오가는 살인적인 스케줄 때문에 인문학적 소양을 쌓을 마음의 공간도 없습니다. 이런 현실에서 아이들을 교실과 학원이라는 공간 속에만 가두어놓은 채 성적과 스펙을 쌓으면서 나중에 크면 인성까지 겸비한 인물로 성장하길 바라는 염치없는 어른으로 살아가고 있지는 않은가요? 가정은 가정대로, 학교는 학교대로 상급학교의 진학에만 목을 맨 채 모든 것을 뒤로하고 좋은 성적만 강요하고 있지는 않은가요?

"70세에 저세상에서 날 데리러 오거든 할 일이 아직 남아 못 간다고 전하라"고 당당히 외치는 100세 시대를 살면서도 우리가 발을 딛고 사는 이 현실에서는 이미 지옥과 같은 시간을 보내고 있는 것은 아닌가요? 이렇게 살기가 힘들고 흥미를 느낄 만한 일이 없으니 청소년 음주와 흡연이 늘어나고 있는 것이겠지요. 조사 자료마다 약간의 차이는 있지만 대략 우리나라 청소년의 음주율은 20퍼센트 정도이며, 흡연율은 이보다 조금 더 높은 수준으로 나타나고 있습니다. 특히 고3의 경우 흡연율이 가장 높아 25퍼센트 수준이라고 합니다. 단지 육체적으로 과거 세대보다 성숙하다는 이유만으로는 설명하기 힘든 자료입니다. 그만큼 우리 아이들의 스트레스가 많아졌다는 것을 부정할 수 없을 것입니다.

수저론을 넘어서는 인성의 힘

누구는 금수저 물고 태어나서 졸업하고 취업해서 결혼하는 데 아무 지장이 없는데 누구는 흙수저

물고 태어나서 취업도, 결혼도 포기해야 하는 세상이라며 원망의 목소리가 커지고 있습니다. 오죽하면 '연애+결혼+출산+내 집+인간관계+꿈+희망'을 포기한다고 해서 7포 세대라고 하겠습니까? 이제는 모든 것을 포기한다고 'N포 세대'라는 말도 합니다.

흔히 아이들을 도화지에 비유하곤 합니다. 아직 아무것도 그려지지 않은 상태여서 무엇을 그려도 가능성이 있다는 의미겠지요. 그리고 청춘들의 가장 큰 무기는 무궁무진한 가능성입니다. 그런데 포기를 한답니다. 이미 신분의 서열이 매겨져 있답니다. 무슨 소고기, 돼지고기도 아닌데 등급이 매겨져서 금수저, 은수저, 흙수저라고 칭합니다. 흙수저는 언제나 오래참고 언제나 온유하며, 금수저를 시기하지 아니하며, 은수저에게 무례하게 행동하지 아니하고 동수저에게 성내지 아니한다나요?

오로지 인생의 판단 기준을 경제력에만 두는 지금과 같은 현실에서 우리 아이들이 과연 건강한 인격체로 성장할 수 있을까요? 초등학교 때부터 청소년기를 거쳐 청년기에 이르기까지 온통 돈 벌 궁리만 하면서 목표를 세운다면 이 사회가 어디로 가겠습니까? '보너스, 성과급, 기본급, 이 세 가지는 항상 있을 것인데 그중의 제일은 현찰이라 전해라.' 우리 아이들이 이런 가치관을 가진 채 살아가게 놔둘 수는 없지 않겠습니까?

온도가 1천 도를 넘어가면 금도, 은도 다 녹아버립니다. 그러나 흙은 녹지 않습니다. 어떤 모습으로 태어났느냐가 중요한 게 아니라 얼마나 잘 견디느냐가 더 중요합니다. 뜨거운 온도에서 견디다 보면 흙이 도자기로 변하는 일도 분명 일어날 것입니다.

부모 세대가 우리 아이들 세대에게 가르쳐야 할 것은 '세상은 분명 살 만한 가치가 있다'는 것입니다. 특히 더불어 살 때 세상이 더 아름답고 행복해진다는 원리를 알려주어야 합니다. 영어 단어 하나 몰라도, 수학 문제 하나 못 풀어도 이웃과 더불어 인간답게 사는 방법을 알려주어야 합니다. 문자 그대로 글로벌 시대, 지구촌 시대를 살아갈 우리 아이들은 마음껏 자신의 재능을 펼치며, 이전에 없던 새로운 분야의 일자리에서 자신만의 독특함을 무기로 존중하고 존중받으며 살아갈 수 있도록 가르쳐야 합니다. 그래서 인성이 중요한 것입니다. 인성이 뒷받침되지 않으면 학력만으로는 결코 그런 삶을 만들어나갈 수 없기 때문입니다. 더 이상 냉소적이고 비관적인 가치관을 갖지 않도록 우리 아이들의 미래를 인성으로 채워주어야 합니다.

범죄와 학교 폭력의
수렁에 빠진 아이들

범죄 예방 환경 설계를 뜻하는 '셉테드^{CPTED}'라는 용어를 아십니까? 아마도 학교 관계자가 아니면 생소하게 느껴질 것입니다. 셉테드는 다시 말해 건축·환경의 적절한 설계와 효과적인 사용을 통해 범죄 유발 요인을 근본적으로 제거하는 기법을 말합니다. 정부에서 지원하는 학교의 설계와 건축을 학교 폭력 예방에 도움이 되는 방향으로 구축하는 인프라 시스템인 것입니다. 우리 아이들이 하루 종일 시간을 보내는 학교라는 공간이 언제부터인가 폭력의 온상이 되고, 그 실태가 심각해지면서 정부 차원에서 대책을 세운 것 가운데 하나입니다. 이뿐만이 아니라 학교마다 학생 보호 인력을 배치하고 아동 안전 지킴이와 사회 복무 요원을 배치하여 아이들의 안전을 지키고 있습니다. 거기에 초고화질의 CCTV 설치도 늘리고 있으며, 117 신고 전화 활용과 위험에 처한 학생을 위한 비상벨 설치도 늘리고 있습니다.

학교에서 아이들의 안전을 지키기 위해 노력하는 것을 탓할 이유는 없습니다. 문제는 이런 안전장치가 학교 외부의 위험을 대상으로 한 것이 아니라 학생 간의 폭력을 근절하기 위한 고육지책이라는 점입니다. 이런 제도적 장치와 물리적 시설에 신경을 쓸 만큼 우리 아이들이 학교 폭력에 노출된 현실이 안타까울 뿐입니다.

여러 가지 노력 덕분에 2015년 가을에 실시한 학교 폭력 실태조사 결과 이전에 비해 그 수치가 확연히 낮아지는 효과가 있었습니다. 그러나 여전히 학교 내의 폭력은 발생하고 있고, 특히 언어폭력이 대부분을 차지하고 있으며 왕따, 신체 폭행 등이 그 뒤를 잇고 있는 실정입니다.

청소년 범죄, 개인을 넘어선 사회의 문제다

얼마 전 한 중학교에서 폭발 사고가 있었습니다. 인명 피해는 없었지만 교실 창문과 벽이 부서지고 출입문이 파손되는 사고였습니다. 밝혀진 바에 따르면 그 학교의 한 학생이 부탄가스 두 통을 폭발시킨 것이라고 합니다. 이제는 우리나라의 학교에서도 폭발물에 의한 사고가 범죄로 나타나게 된 것입니다. 단순히 친구 간의 다툼이나 마찰 수준을 넘어섰다는 점에서 시사하는 바가 크다고 볼 수 있겠습니다. 미국에서의 총기 사고를 이제 남의 일로만 생각할 수 없게 되었습니다.

학교 폭력만이 문제는 아닙니다. 전반적인 청소년들의 범죄 행태가 사회적으로 심각해지고 있습니다. 대검찰청의 자료에 의하면 촉법 소년의 강력범죄가 해마다 증가하고 있다고 합니다. 촉법 소년이란 법적으로 처벌을 받지 않는 만 10세에서 14세까지의 아이들을 말합니다. 전체 10대 청소년 범죄에서 촉법 소년의 강력 범죄 비중이 2011년 10.1퍼센트에서 2014년에는 15.4퍼센트로 증가했습니다. 어린 나이에 범죄에 발을 내딛게 되면 성장하면서 점점 더 삶의 중심을 잃을 확률이 높아집니다.

범죄에 일찍 눈을 뜬 아이들은 다른 아이들을 상대로 괴롭힘과 폭력을 행사하게 됩니다. 더 나아가 성인이 되어 가정을 꾸린 이후에 자신의 자녀들에게도 폭력적인 모습을 보이기 쉽습니다. 폭력과 범죄의 대물림 현상이 나타나게 되는 것입니다.

가출 청소년 문제는 더욱 심각한 상황입니다. 집을 나와 갈 곳이 없는 청소년들은 끼리끼리 모여서 생활을 합니다. 일명 '가출팸', 가출한 아이들이 모인 패밀리가 형성되는 것입니다. 한 해에 22만 명의 청소년이 가출을 한다는데 이들이 갈 곳은 마땅히 없습니다. 그러다 보면 자연히 서로 모여서 돈 벌 궁리를 하다가 절도나 성매매의 늪으로 빠지게 됩니다. 요즘은 조건 만남 앱을 통해 상대를 유인하여 협박하고 돈을 갈취하는 범죄도 생겼습니다. 이런 가출 청소년이 생기는 가장 큰 원인은 가정불화가 61퍼센트로 많은 부분을 차지합니다. 가정에서의 폭력을 견디다 못해 가출을 하는 경우가 많은 것입니다. 이쯤 되면 가출이 아니라 탈출이라고 해도 과언이 아닙니다.

청소년들의 범죄와 학교 폭력이 점차 심각해짐에 따라 이제 국가 차원에서 해결책을 제시하며 나서게 되었습니다. 근절해야 할 4대 사회악 범죄에 학교 폭력이 포함될 정도입니다. 그만큼 사회가 앞장서서 나서야 할 때인 것입니다.

아이들이 범죄에 노출되지 않도록 보호하는 것은 당연히 중요합니다. 하지만 그보다 먼저 아이들이 범죄에 휘말리지 않도록 사전에 보호하고 가르치는 자세가 필요합니다. 사후 처방이 아니라 사전 예방이 중요한 것입니다.

전북 고창 경찰서는 종교단체 및 사회단체와 범죄 피해자 가정의 아동, 청소년을 보호하기 위해 '폴리스 엉클police uncle 협약'을 맺었다고 합니다. 이 협약은 관내 청소년을 범죄에서 보호하기 위해 멘토-멘티 관계를 맺고 청소년 성폭력, 아동 학대, 학교 폭력 예방에 주력하겠다는 내용을 담고 있습니다. 범죄 피해자 가정의 아동, 청소년에게 관심을 가져 청소년 범죄, 가출 등 비행이나 범죄를 사전에 예방하고 방임, 학대, 성폭력 등 2차 피해를 방지하는 활동을 전개하는 것입니다.

이제 청소년 범죄나 학교 폭력 문제는 더 이상 당사자 개인이나 해당 가정만의 문제가 아니라는 사실을 인식해야 합니다. 온 사회와 기성세대가 함께 대응하지 않으면 안 됩니다. 아이들의 폭력이나 범죄를 단순히 혈기 왕성한 시기의 일탈 현상으로 축소해서도 안 됩니다. 교육적, 심리적 관점에서 전문성을 가지고 다양한 손길로 응대할 필요가 있습니다. 시간이 지나고 철이 들면 좋아질 것이라는 막연한 기대도 위험합니다.

점점 강력해지는 청소년 범죄와 그 피해의 심각성을 깨닫고 전방위적으로 대책과 계도를 마련해야 할 때입니다. 소년원에서의 보호 감호와 교육도 시대의 변화에 따라 보완하고 개선할 여지가 많습니다. 소년원에서 이루어지고 있는 직업 교육과 범죄 예방 인성교육의 비중도 조정하여 형식적인 관리에만 머무르지 말고 실질적인 교육 내용의 전파에 주력해야 할 것입니다.

청소년, 아직 미성숙한 어린아이다
|

청소년 범죄에는 분명 이유가 있습니다. 물론 아이의 개인적인 성향과 신체적인 특징 등에서 그 원인을 찾을 수도 있습니다. 하지만 그것만으로는 부족합니다. 범죄를 저질렀다면 아이의 환경적인 요인을 반드시 살펴봐야 합니다. 그 아이의 인격을 형성하는 데에는 선천적인 환경과 유전적인 환경, 가정, 교우관계, 학교, 사회 등의 후천적인 환경도 영향을 미쳤을 것이기 때문입니다.

학교를 떠나고 가정을 떠나는 청소년이 갈수록 증가하고 있는 지금 그에 따른 우리 사회의 보살핌과 대응은 너무나 부족한 현실입니다. 가정이 해체되어 충분한 보살핌을 받지 못한 채 학교에서는 치열한 경쟁에 내몰린 우리 아이들. 모든 것이 성적으로 비교되고 평가되는 현실 속에서 그들의 탈출구는 어디겠습니까? 제도적인 부분과 교정적인 부분, 그리고 교육적인 부분의 협업에 의해 아이들이 제대로 된 보살핌을 받을 수 있도록 노력해야 합니다.

신체적인 발육이 좋아져서 겉보기에 덩치만 커졌을 뿐 청소년기의 아이들은 사실상 아주 미숙한 존재라는 사실을 알아야 합니다. 청소년기 아이들의 뇌 발달 상태만 봐도 이해가 될 것입니다. 인간의 뇌는 비유적으로 설명하면 3층 구조로 발달합니다. 가장 기초적인 1층의 뇌를 파충류의 뇌라고 합니다. 생존에 관련된 본능을 관장하는 뇌입니다. 2층의 뇌는 감정을 관장하는 포유류의 뇌입니다. 마지막으로 3층의 뇌는 이성을 관장하는 인간의 뇌입니다. 이런 단계별 뇌 발달에 따라 인간의 행동에 차이가 나타나는 것입니다. 결론적으로 우리 아이들의 뇌는 아직도 파충류의 뇌 수준이라고 보면 됩니다. 한마디로 본능에 의해 판단하고 행동하는 단계인 것입니다. 파충류는 싸우거나 도망치거나 둘 중 하나입니다.

서울시 교육청의 자료를 보면 2014년 서울시 고등학생의 평균 키가 남자는 173센티미터, 여자는 161센티미터인 것으로 나타났습니다. 우리 부모 세대와 비교하면 엄청난 변화입니다. 그런데 이렇게 덩치가 커졌다고 어른처럼 행동할 것을 기대하면 착각입니다. 자유에 대한 의지만 커졌을 뿐 생각의 수준은 파충류 수준인지라 싸우거나 도망치거나 둘 중 한 가지 행동을 주로 취합니다. 아이의 눈높이에 맞게 대응하고 가르쳐야지 부모가 정한 기준과 기대치를 가지고 머리가 그만큼 컸는데 이럴 수가 있느냐고 호통을 치거나 속 터져 할 일이 아닌 것입니다.

초등학교 때에는 고분고분했던 아이도 청소년기로 접어들면서 호르몬의 변화와 더불어 자아의식이 강해지면서 싸우거나 도망치는 일이 비일비재해집니다. 남자 아이들은 폭력성이 증가하고, 여자 아이들은 신경질이 늘어나는 시기입니다. 부모와 교사가 이런 변화의 실상을 이해하면서 인성교육의 측면으로 접근하는 전인적인 교육 시스템이 절대적으로 필요합니다. 학교가 무너지면 사회 전체가 무너지게 마련입니다. 아이 하나를 키우는 데 왜 마을 전체가 필요한지 이제 그 이유를 아시겠지요?

어른들의 틀에 갇힌
아이들의 꿈

이 책을 읽고 있는 여러분의 어릴 적 꿈은 무엇이었습니까? 아마 과학자, 대통령, 장군 혹은 선생님 등이 아니었을까요? 1970~1980년대 초등학생들의 꿈은 대개 그랬으니까요. 그리고 1990년대에는 사회적으로 존경받는 교수가 인기였습니다. 그런데 요즘 아이들의 꿈은 달라졌습니다. 요즘 초등학생의 경우 장래 희망으로 공무원을 가장 선호한다고 합니다. 초등학생의 이야기입니다, 대학생이 아닌. 또 '건물주'가 꿈인 아이들도 많다고 합니다. "조물주 위에 건물주"라는 말이 다 생겼을 정도입니다.

여기서 주목해야 할 자료가 하나 더 있습니다. 전국의 기혼 남녀 1천 335명 가운데 38퍼센트가 자신의 자녀가 공무원이 되었으면 하는 바람을 나타냈습니다. 아이들의 장래 희망에 가장 큰 영향을 미치는 사람은 단연코 부모가 1위이고, 부모는 아이의 거울이라고 합니다. 요즘 아이들의 꿈이 왜 변했는지 이유를 알 수 있는 대목입니다. 물론 장래 희망으로 공무원이나 건물주가 나쁘다는 것은 아닙니다. 제가 공무원이나 건물주가 아니라서 이런 이야기를 하는 것은 더더욱 아닙니다.

아이들의 꿈은 그 시대의 자화상이라고 할 수 있습니다. 순수한 아이들의 마음에 그려지는 그림은 부모와 주변 환경의 영향을 많이 받을 수밖에 없습니다. 매일같이 눈만 뜨면 보고 듣는 것들이 아이들의 가치관 형성에 절대적인 영향을 끼치게 됩니다. 고로 아이들의 꿈이 변했다는 것은 사회가 그 방향으로 변했다는 것을 뜻합니다. 사람들의 가치관이 그렇게 바뀌고 있는 것입니다.

인간에게 가치관이란 굉장히 중요합니다. 그 가치관에 따라 의사 결정을 하고 행동하기 때문입니다. 가치관에 따라 그 사람을 평가하는 만큼 어떤 가치관을 갖고 사는가는 매우 중요한 부분입니다.

물질적인 기준이 절대적인 사회에서는 인간성이 상처를 받습니다. 인간미가 사라집니다. 공감과 신뢰가 사라지고 돈이 그 무엇보다 우선하게 됩니다. 돈에 따라 사람들의 행동 기준이 변하게 됩니다. 돈이 우선시되면 사람은 뒷전으로 밀려납니다. 돈만 된다면 사람도 물건처럼 취급하게 됩니다. 사람을 거래 품목으로 만들 수도 있습니다. 인신매매와 장기밀매가 왜 생겼겠습니까? 이런 사회에서는 인간이 인간으로서 대접을 받기 힘들어집니다. 특히 경제력에서 밀리면 끝이라는 심리가 팽배해집니다. 그래서 극단적인 방법을 동원해서라도 돈을 손에 넣으려고 애쓰게 됩니다. 하지만 절대로 수단이 목적을 정당화해서는 안 됩니다.

**나만의 세상에
갇힌 아이들**
|

얼마 전 서울의 어느 아파트 단지에서 분쟁이 일어났습니다. 소위 고급 아파트 옆에 임대 아파트가 들어서자 초등학교 아이들의 등굣길로 사용하던 고급 아파트의 출입문을 잠가버린 것입니다. 그리고 고급 아파트 주민만 드나들게 보안 장치를 했습니다. 급기야는 임대 아파트와 경계를 구분하기 위해 높게 담을 쳐버렸습니다. 이에 임대 아파트에 사는 아이들은 등교를 위해 멀리 길을 돌아가야 하는 불편이 생겼습니다. 높은 담에 가로막혀서 고급 아파트에 사는 친구들과는 같이 놀지도 못하게 되었습니다.

고급 아파트에 사는 부모들은 임대 아파트에 사는 아이와 놀지 말라고 자녀들을 단속합니다. 아이들이 모이면 이제 몇 평짜리 아파트에 사는지부터 확인하고 큰 평수의 아이들끼리만 생일 파티를 하고 선물을 교환합니다. 그러면서 정작 시험 문제지에는 친구들과 사이좋게 놀아야 한다고 답을 적게 합니다. 이게 현실입니다. 사교육을 몇 과목이나 받는지, 어느 학원에 다니는지, 입고 있는 아웃도어 점퍼의 종류가 무엇인지에 따라 친구가 나뉘는 세상에서 우리 아이들이 살고 있습니다.

시대의 변화에 발맞춰 우리 아이들의 가치관도 변하고 있습니다. 도전보다는 안정을 선호하고, 자유와 독립을 추구합니다. 이런 가치관 자체가 나쁠 것은 없지만 자칫 너무 어린 시절부터 새롭게 시도하고 도전하는 것을 멀리하고, 안전하고 안정된 것만 추구하는 성향으로 고착화되지는 않을까 염려됩니다.

변화의 시대를 살고 있고 앞으로 더욱 격심한 변화의 물결이 몰려올 것이 분명한 상황에 변화를 기피하고 안정만 추구하는 자세는 개인을 위해서나, 사회를 위해서나 바람직하다고 볼 수 없습니다. 또한 자유와 독립 그 자체가 문제되는 것은 아니지만 이 역시 자칫 지나친 개인주의와 이기주의로 빠질 여지가 다분히 잠재되어 있기에 문제가 될 수 있습니다. 아이들이 지나치게 자기 멋대로만 하려고 한다거나 누군가의 간섭을 극도로 싫어하는 성향으로 자라는 것은 좋지 않기 때문입니다.

기업에서 강의를 하다 보면 기업체의 인사 담당자들이 주로 하는 말이 있습니다. 요즘 신입사원들의 역량이나 스펙은 그 어느 때보다 향상되었지만, 팀워크나 사회성 측면에서는 우려되는 부분이 많다는 것입니다. 혼자 사는 것에 익숙한 요즘 아이들, 혼자 공부하고 스펙을 쌓으면서 앞만 보고 달려온 청년들이 장차 사회의 주역이 되었을 때 과연 주변의 동료와 상하 관계의 사람들과 어떤 유대감을 갖고 어울릴 수 있을지 의문입니다.

과거에는 대학생들 사이에 족보라는 것이 있었습니다. 과목마다 주로 시험에 출제되는 문제들을 정리한 요약집으로 통상 후배들은 친한 선배에게 이 족보를 물려받아 공부했습니다. 친구 사이에도 족보를 복사해서 나눠주는 일이 흔했습니다. 그런 족보가 지금도 대학가에 남아 있다고 합니다. 그런데 그 족보를 구하기 위해서는 온라인으로 거래를 한답니다. 수십만 원에 거래되어 족보를 구하기도 쉽지 않다는 기사를 보면서 또 한 번 격세지감을 느꼈습니다.

**스스로 생각하는 힘을
길러주어야 할 때**
|

옛날에는 싸움을 잘하는 아이가 학교에서 짱이었다면 요즘은 온라인 도박을 잘하는 아이가 짱입니다. 수업 시간에 스마트폰으로 경기 결과를 예측하고 돈을 걸고 그 결과에 따라 일희일비하는 청소년들이 늘고 있습니다. 온라인 도박 자금을 마련하기 위해 범죄를 저지르는 일 또한 빈번하게 일어나고 있습니다. 한번 온라인 도박에 빠지면 절도와 폭력 등의 파생 범죄로 이어지는 경우가 많다는 것이 문제입니다. 또한 다른 중독에 비해 도박 중독은 치료가 훨씬 어렵다는 것도 문제입니다.

도박 중독은 자각 증세가 별로 없으며, 치료 과정도 제각기 달라서 가까운 가족들도 인지하지 못하는 사이에 점점 심각해지는 경우가 많습니다. 그런데 도박 중독이 이제는 초등학생들에게까지 퍼지며 온라인 도박 중독의 저연령층화가 새로운 사회 문제로 대두되고 있습니다. 결국 우리 아이들의 가치관이 변하고 꿈이 변하면서 돈과 권력이 최상이라는 그릇된 신념을 갖게 된 결과 벌어진 재앙인 것입니다. 그렇다면 무엇이 우리 아이들의 가치관을 변하게 했을까요?

시험 전날 독서실을 빼먹고 친구와 노래방에 갔다는 이유로 엄마에게 욕을 먹었던 한 여학생은 정작 세 과목의 시험에서 한 개만 틀리는 좋은 성적을 받아오자 엄마가 즉시 사과하더라는 이야기를 했습니다. 이런 상황이 반복된다면 그 아이의 가치관은 좋은 성적이라는 결과만 받으면 과정은 아무런 문제가 안 된다고 굳어질 것입니다. 즉, 결과만 좋으면 얼마든지 대접받는 세상이라는 가치관이 형성되기 쉽습니다. 돈을 많이 벌 수 있는 직업을 구하고 결과적으로 돈만 많이 모으면 사회적인 가치나 인간 관계는 크게 신경 쓸 필요가 없다고 착각하기 쉽습니다. 이미 이런 아이들의 인성은 망가지기 시작한 것입니다. 이것은 곧 사회가 병들어간다는 의미와도 같습니다.

미래사회에 영향을 주는 요소 가운데 중요한 몇 가지를 꼽아보자면 고령화, 다문화, 첨단 IT기술의 발달, 생태와 환경, 글로벌화, 감성 중시 등을 생각해볼 수 있습니다. 이러한 요소들이 변수로 작용하여 지금과는 전혀 다른 직업군이 생기고 지금의 유망 직업은 사라지는 변화가 일어날 가능성이 큽니다. 그런데 지금 우리 아이들이 선호하는 직업이나 그들의 꿈은 현재의 가치에 머물러 있습니다. 10년 이후를 생각하지 못한 결과입니다. 이는 당장 부모의 영향을 받아 현실에만 안주하려는 경향이 반영된 것입니다.

지금 현재 존재하는 직업의 40퍼센트 가까이가 20년 이후에는 사라질 것이라는 전망이 지배적인 오늘날의 상황에서 아이들의 꿈이 잘못된 방향으로 변하는 것을 가만히 두고 볼 수만은 없습니다. 아이들의 꿈을 올바른 방향으로 되돌려놓는 일이 시급합니다. 단지 다시 생각해보라고 강요해서 될 일이 아닙니다. 근본적으로 생각하는 힘을 길러주어야 합니다. 생각의 방향과 가치관을 바로잡아주어야 합니다. 무엇을 해서 먹고살 것인가에 초점을 맞추지 말고 왜 그 일을 해야 하는가에 초점을 맞추는 자세가 중요합니다. 이것은 국·영·수만 공부한다고 해서 해결될 문제가 아닙니다. 인간에 대한 근본적인 이해와 자신에 대해 통찰하는 힘을 길러주고 이

끌어주는 노력이 필요합니다. 이것이야말로 우리 아이들에게 필요한 진짜

경쟁력이 될 것입니다.

대학생활의
낭만은 어디로?

'먹고 대학생'이란 말을 알고 있습니까? 만약 알고 있다면 40대 중반은 넘었을 것입니다. 1980년대 학번까지는 대체로 먹고 대학생 생활을 해본 경험이 있을 것입니다. 그 당시의 대학생들은 입시 지옥이라고 할 만큼 고단했던 고교생활을 벗어난 해방감을 만끽하며 학업보다는 동아리 활동에 동문회, 향우회 모임까지 쫓아다니며 어울려 노는 일에 더 관심을 가졌습니다. 학교 축제와 타 대학 축제 원정까지 마치면 대략 기말고사 시즌이 되었고, 벼락치기로 대충 시험을 마치면 한 학기가 끝이 났습니다. 방학이면 농활_{농촌봉사활동}팀이 꾸려져 시골 마을로 향하거나 친구들과 여행을 떠나기도 했습니다. 꿈같은 방학이 그렇게 지나가면 또 한 학기가 시작되었습니다.

당시에는 시대 상황 탓에 데모가 한창이었습니다. 툭하면 휴강에 휴교까지 하는 일도 부지기수였습니다. 겨우 시험만 치르고 한 학기가 또 마무리되니 먹고 대학생이란 말이 나올 수밖에요. 지금의 대학생들에게는 상상도 안 되는 일일 것입니다.

지금은 거의 필수가 된 토익시험도 당시에는 불필요했습니다. 자격증을 따기 위해 학원을 다니거나 온종일 도서관에서 취업 준비를 위해 공부에 매진하는 일도 거의 없었습니다. 도서관은 그저 자리만 맡아놓고 친구들과 모이는 장소로만 활용했습니다. 그땐 도서관 출입을 위한 카드도 없었고, 심지어 남의 학교 도서관에도 경비 아저씨만 없으면 무사 통과가 가능할 정도였습니다. 졸업생이라고 말만 잘하면 그냥 들여보내주기도 하던 시절이었습니다.

지금 생각해보면 축제다, 휴강이다, 체육대회다 해서 쉰 날을 빼고 나면 정작 수업을 한 날은 지극히 적었던 듯합니다. 그래도 웬만하면 졸업 후 다들 취업을 잘 했으니 지금의 대학생들에게는 꿈같은 이야기겠지요.

스펙만이 전부인 대학가
|

요즘은 '대2병'이 생겼답니다. 중2병은 들어봤어도 대2병은 모르겠다고요? 대학생활의 낭만은 고사하고 학점과 취업 스트레스로 대학교 2학년이 되면 병이 생긴다고 하여 붙여진 이름입니다. 대표적인 대2병의 증세로는 소화가 잘 안 되거나 가슴이 답답하고 한숨이 자주 나온답니다. 어지러움과 두통 증세도 나타나고, 장염과 위염이 생기기도 합니다. 두근거림 등 심장 쪽에도 이상 증상이 나타납니다. 그리고 3학년으로 진학하면 이제 '사망

년'이 되었다고 합니다. 졸업을 준비하는 4학년 문턱에 왔다고 해서 그렇게 칭한답니다. 대학 캠퍼스에는 봄이 와도 더 이상 봄이 아닌 것입니다. 실제로 대학에 입학하자마자 곧장 취업 준비에 들어가는 신입생들도 많다고 합니다. 대학 취업지원실의 문의와 상담 건수가 이를 입증합니다. 시간표를 짤 때에도 듣고 싶은 과목이나 들어야 할 과목보다는 학점이 잘 나오는 과목을 중심으로 신청한다고 합니다. 사설 어학원 관계자의 말에 의하면 토익, 토플 수강자의 절반 이상이 16학번 신입생일 정도로 대학생들의 현실적인 무게감은 대단하다고 합니다.

대학생활의 낭만을 이야기할 때 빠질 수 없는 것이 동아리 활동입니다. 그런데 동아리 활동도 시대의 변화에 따라 양극화되고 있습니다. 소위 스펙에 도움이 되는 경영학회나 공모전 동아리는 가입 경쟁이 치열한 반면, 인문사회 동아리나 사회봉사 및 취미활동을 하는 동아리는 명맥을 유지하기조차 힘든 상황입니다. 동아리도 취업에 도움이 안 되면 철저하게 외면받는 시대가 된 것입니다.

과거 동아리 방에서, 청평이나 대성리 등 전설적인 대학 엠티 장소에서 밤을 지새우며 토론하고 인생을 논하며 나름대로 개똥철학을 펼치던 시절은 말 그대로 흘러간 옛이야기가 된 지 오래입니다. 그럴 만한 정신적 여력이나 흥미도 이미 사라진 지 오래입니다. 그래서인지 요즘 학생들의 발표력이나 의사표현 능력에 의문을 제기하는 기업체 인사담당자들이 늘고 있습니다. 아이비리그 대학의 유학생 가운데 중도 탈락률이 가장 높은 나라가 우리 대한민국입니다. 바로 토론 문화에 적응하지 못한 결과입니다. 특별한 목적을 가지고 토론 대회를 준비하는 극히 일부 학생을 제외하면 전반적인 토론 능력은 낙제 점수를 면치 못하는 실정입니다. 물론 이것이 단지 동아리에서의 토론 경험이 적어서라고 할 수는 없겠지만 일반적으로 요즘 대학생들의 생활 패턴이 토론에 유리하지 않은 것은 사실입니다.

　동아리 활동이 양극화되었다고 하지만, 같은 인문학 동아리라고 해도 대기업에서 후원하는 동아리는 사정이 또 다릅니다. 예를 들어 서울대, 고려대, 연세대 등에 있는 인문학 동아리 '판플러스ᴾᴬᴺ⁺'는 가입 경쟁률이 무려 5 대 1이 넘습니다. 플라톤 아카데미라는 든든한 대기업의 인문학 지원 재단이 후원하고 있기 때문입니다. 여기에 가입하면 10대 고전 강의를 무료로 들을 수 있고 개인 활동비도 지원을 받습니다. 저명한 석학들의 강연을 무료로 접하면서 스펙을 쌓기에도 안성맞춤이라 이 동아리의 인기가 상한가를 치는 것입니다. 인문학에 관심이 없어도 대기업 취업 시 인문학적 소양을 요구하는 현실을 고려해 가입하는 경우가 많다고 합니다. 여러 분야에서 인문학적 소양이 요구되고 문과, 이과의 구분을 폐지하는 시대의 변화 속에서도 학생들은 오직 취업 스펙으로 요긴한가, 그렇지 않은가를 더 중요한 잣대로 삼고 있습니다. 이 모두 지금의 사회 분위기가 그렇게 만든 것입니다.

삶의 중심을 잡을 수 있도록 도와라

취업포털사이트 인크루트의 조사에 의하면 대학생의 64퍼센트가 대학 진학을 후회하는 것으로 나타났습니다. 가장 큰 이유는 '취업이 안 될 것 같아서'라고 합니다. 그런데 대학에 진학한 이유가 재미있습니다. 대학 진학의 이유 중 36퍼센트로 가장 많은 비중을 차지한 것은 '취업에 필요해서'라는 응답이었습니다. '부모님의 권유 때문'이라는 대답도 18퍼센트나 나왔습니다. 1980년대까지만 해도 대학 진학률이 30퍼센트 수준이었던 것이 지금은 80퍼센트에 육박합니다. 대학 진학 경쟁도 치열해졌지만 그보다 졸업 후 취업하기가 그만큼 더 힘겨워진 것이 문제입니다.

대학생활이 힘들어진 것은 비싼 등록금도 한몫합니다. 우리나라 대학교의 등록금이 비싼 것은 이미 정평이 나 있습니다. 세계에서 두 번째로 비싼 대학 등록금, 대학생의 60퍼센트가 알바를 하면서 학비를 충당하는 현실, 그리고 사교육비 18조 원과 학자금 대출 12조 원 시대를 살고 있는 우리 대학생들에게 대학생활의 낭만은 비현실적인 말일 수밖에 없습니다.

알바 현장의 냉혹한 현실 또한 그들을 더욱 슬프게 합니다. 유통기한이 다 된 도시락이나 삼각김밥으로 끼니를 때우면서 스스로의 유통기한도 다 된 것은 아닐까 자괴감에 빠지는 청춘들이 늘어나고 있습니다. 심야시간대의 진상 손님들로 인한 감정 노동은 육체적인 피로를 더욱 증가시킵니다. 이런 상황을 견디며 공부도 뒤로한 채 일을 했는데 알바비조차 떼어먹는 고용주를 볼라치면 세상이 싫어질 법합니다.

요즘 대학생들은 기본적으로 학벌, 학점, 토익, 어학연수, 자격증 등의 스펙 5종을 갖추어야 한다고 합니다. 최근에는 점점 더 늘어나서 인턴, 대외활동, 사회봉사에 성형까지 갖추어야 하는 소위 9종까지 생겼습니다. 그러니까 졸업을 미루고 취업 준비를 하는 NG^{No Graduation}족으로 대학교 5학년이 양산되는 것 아니겠습니까? 장밋빛 인생으로 사회에 진출해야 할 시기에 그저 장미족_{장기 미취업 졸업생}으로 전락하는 현실입니다. 이러한 상황에 한 사람의 성인으로서 사회에 진출하여 건강한 인격체로 살아갈 학생들의 소양과 인성을 논한다는 것이 사치로 느껴지기도 합니다. 우리에게 대학가의 건전하지 못한 문화를 비판하고 개탄할 자격이 있는지 의심스러울 뿐입니다.

우리 아이들이 더 이상 대학을 이런 식으로 거쳐 가게 놔둘 수는 없습니다. 더 늦기 전에 이 시대의 대학생들이 인간성을 회복하고 꿈을 다시 일으켜 세우도록 가르치고 이끌어야 합니다. 물론 국가적인 제도 차원에서 손을 봐야 할 부분도 많지만 그전에 각 가정에서, 그리고 대학 진학 이전의 학교에서 세상을 제대로 바라볼 능력을 길러주어야 합니다.

해마다 대학교 신입생 OT에서 과도한 음주로 목숨을 잃는 어처구니없는 일들이 이어지고 있습니다. 이제 막 성인이 되었다는 해방감과 과도한 스트레스로 평생 후회할 일을 만들고 있는 것입니다. 이때를 좀 더 대학생답게 삶의 의미를 찾고 미래를 준비하는 성장의 시기로 되돌려놓아야 합니다. 지금은 사라진 대학 캠퍼스의 진정한 낭만을 어떻게 하면 되찾을 수 있을까요? 이제부터라도 어른들이 앞장서서 아이들에게 삶의 중심을 잡을 수 있는 내면의 성장축을 세워주어야 합니다.

어른도 이겨내기
힘든 삶의 현실

세상에서 가장 독한 술이 무엇일까요? 소주나 보드카가 아닐까 생각하겠지만 사실은 맥주입니다. 왜냐하면 맥주병의 목을 따면 거품을 내뿜으며 죽으니까요. 그래서 맥주가 죽으면서 남긴 말이 바로 '유언비어'랍니다. 무슨 말인지 모르겠다면 그냥 넘어가자고요. 그저 술 이야기를 시작하려고 꺼낸 이야기입니다.

우리나라는 세계에서 독한 술 소비량 1위를 차지하고 있습니다. 최근 농림축산식품부가 내놓은 연간 술 소비량 자료를 살펴보면 1인당 맥주는 148병, 소주는 63병이라고 합니다. 국민 전체의 술 소비량은 러시아의 두 배가 넘는다는 통계도 있습니다. 술 소비량이 늘어난 이유로는 여러 가지가 있을 것입니다. 과거에 비해 여성들의 음주에 관대해진 사회 분위기도 있고, 수입 맥주 시장이 확대되면서 다양한 주류를 접하게 된 것도 하나의 원인이 되겠습니다. 하지만 역시 술에 의지하는 사람들이 그만큼 늘어났다는 점도 간과해서는 안 될 것입니다.

　요즘이 과거 IMF 외환위기 시절보다 더 살기 힘들고 경기가 침체된 것 같다고 말하는 사람들이 많습니다. 사업이나 자영업은 물론 직장생활도 녹록치 않습니다. 국내 굴지의 대기업에서 명예퇴직을 권고하면서 입사한 지 1년도 채 안 된 신입사원까지 대상으로 했다가 온 국민의 지탄을 받고 철회한 일도 있었습니다. 명예퇴직은 대개 중년 이상의 고위 간부급을 대상으로 하는 것이 통례였던 점에 비추어본다면 이번 사태는 경제계의 상황이 얼마나 안 좋은지를 반증하는 하나의 예라고 할 수 있습니다.

　언론에서 크게 다루지 않아서 그렇지 사실상 대기업을 중심으로 연간 암암리에 구조조정 되는 인원은 생각보다 많습니다. 내로라하는 최고의 기업인 S그룹도 각 계열사를 포함하면 연중 상시적으로 수천 명의 직원들을 명예퇴직 시키고 있는 실정입니다. 한창 일할 나이인 50대 초반의 부장급 직원들이 회사를 떠나면서 자신에게 이런 날이 올 줄은 몰랐다고 당황해하는 일들이 주변에 적지 않게 있습니다.

　입사할 때에는 뼈를 묻을 각오로 들어갔지만 막상 어느 직급까지 올라가니 이제는 팔팔한 후배들이 치고 올라오면서 고위직의 고연봉자를 부담스러워하는 회사 분위기에 위축되지 않을 수 없습니다. 이직을 생각해보지만 마땅히 갈 곳 또한 없습니다. 스마트워크 시스템으로 변화하는 조직사회 속에서, 태어나면서부터 컴퓨터와 놀면서 역동적인 해외 경험으로 무장하고 자란 신세대 후배들과 경쟁해야 하는 상황이 부담스럽기 그지 없습니다.

또 당장 눈에 보이는 성과를 내지 못하면 과거의 공적들은 무용지물이 되고 맙니다. 해외 발령이라도 나는 날이면 영어에 대한 부담감으로 진퇴양난에 빠집니다. 실제로 갑작스러운 해외 발령으로 인해 영어에 대한 공포감으로 고민하던 중년 직원이 사망하자 업무상 재해로 인정하기까지 한 사건이 있었습니다.

은퇴 이후 시작되는 또 다른 삶

어른이 되면 공부 따위 안 해도 되고, 하고 싶은 대로 마음 편히 살아도 될 줄 알았지만 그게 아니었습니다. 나이를 먹었다고 주변에서 공경해주는 분위기도 이젠 사라졌습니다. 아니, 웬만큼 나이 먹어서는 어디서 명함도 못 내미는 세상이 되었습니다.

우리나라 평균 수명이 80세라고 합니다. 그런데 사실상 퇴직 연령은 평균 54세입니다. 임금 피크제와 정년 연장이 실시되었다고는 하지만 아직 갈 길이 멀어 보입니다. 그렇다면 직장을 퇴직하고 나와서 80세까지 또 한 번의 다른 삶을 살아야 하는 것입니다. 과거에는 퇴직을 한 후 잠시 노후를 즐기다가 삶을 마감했지만 지금은 퇴직 이후의 시간이 너무도 길어졌습니다.

여기서 우리가 한 번 짚고 넘어가야 할 부분이 있습니다. 우리는 평균 연령을 기준으로 계획을 세우고 살아가지만 사실은 최빈 사망연령을 주목해야 합니다. 최빈 사망연령이란 그해에 가장 많은 사망자가 발생하는 연령을 의미하는데, 단순히 사망자 전체의 평균 연령을 집계한 평균수명보다 훨씬 현실적인 수치입니다. 앞으로 4년만 지나면 이 최빈 사망연령이 90세에 이를 것으로 예측되고 있습니다. 그러니까 80세까지만 살 것이라는 생각은 착각입니다. 적어도 90세까지는 사는 삶이 일상화될 것이라는 말입니다. 까딱하다가는 100세까지 사는 것이 재수 없는 일이 될 수도 있습니다.

은퇴 이후에 다시 한 번 새로운 삶을 준비하지 않으면 돈은 떨어지고 목숨만 붙어 있는 괴로운 삶이 이어질 것입니다. 그렇다고 자녀들이 노후를 보장해주지도 않습니다. 그들도 자신의 삶을 꾸려가기조차 힘에 겨운 시대입니다. 또한 이미 정서적으로 노후의 부모를 모셔야겠다고 생각하는 세대가 아니라는 것을 기억해야 합니다.

요즘 가정에서 1순위는 누구일까요? 과거에는 나이 든 노부모였던 시절이 있었지요. 이제는 자녀가 1순위인 경우가 태반입니다. 오로지 자녀를 위해 부모는 뒷전입니다. 모든 스케줄을 자녀에게 맞추며 살고 있습니다. 가정에서 차지하는 지출도 자녀 양육과 관련된 비용이 1순위가 되었습니다. 그 액수도 결코 만만치 않습니다. 그래도 장성한 자녀에게 노후를 의지하거나 보상을 기대해서는 안 됩니다. 현실적으로 어려운 일이기 때문입니다.

자녀 다음으로 우선순위를 차지하는 것은 반려동물입니다. 우리나라 반려동물의 시장 규모가 2조 원을 넘어섰고, 2020년에는 5조 원이 넘을 것으로 추정됩니다. 해마다 14퍼센트가량 성장하는 산업입니다. 우리나라

경제 성장률이 잘해야 3퍼센트대인 점을 감안하면 엄청난 규모라고 하겠습니다.

옛날에는 사람을 즐겁게 해주는 동물이라서 애완동물이라고 했지만 이제는 사람의 정서적 동반자요, 심리적 안정감을 주는 역할을 한다고 반려동물로 변했습니다. 문제는 이런 반려동물이 가정에서 반려자의 위치를 뺏어버렸다는 것입니다.

고등학생 두 아들을 둔 한 중년 남자의 이야기입니다. 사내아이들뿐이라 심심하다고 강아지를 키우자는 아내의 제안에 내키지는 않았지만 동의하고 개를 키우게 되었습니다. 그런데 막상 개를 데려오고 보니 퇴직까지 한 상황에서 개를 돌보는 일은 남편의 몫이 되었습니다. 몇 년간 개를 키우면서 없던 정도 생기고, 이제는 자신이 더 개가 없으면 허전해서 못 살 것 같은 기분이 들 정도였다고 합니다.

그러던 어느 날 개를 산책시키다가 잠시 한눈파는 사이에 개가 사라져서 동네방네 찾아다니다가 결국 집으로 돌아왔답니다. 그런데 개를 잃어버리고 왔다고 아내와 아이들이 합세하여 자신을 몰아붙이는데 어이가 없을 뿐 아니라 개를 잃어버려서 답답한 자신의 마음은 몰라주고 닦달하는 가족들이 원망스러웠답니다. 나중에 파출소에서 개를 보호하고 있다고 연락을 해와서 찾으러 가는 길에 생각해보니 서글프기 짝이 없더랍니다. 정작 개를 키우면서 많이 돌보고 정이 든 것은 자신인데 자기들은 별로 신경도 안 쓰다가 개가 없어졌다고 하니까 자신의 마음은 안중에도 없고 개만 찾아내라 성화를 하니 자기가 개만도 못한 존재인가 싶더라는 것입니다. 사회에서 밀려났다는 상실감에 더해 가정에서도 개보다 서열이 밀린다고 생각하니 개가 그렇게 미웠다고 합니다.

너도 힘들고 나도 힘들도 다 힘들다

젊은 세대들의 입장에서 보면 기성세대는 경제 호황기에 별 탈 없이 취직해서 잘 살다가 느긋하게 퇴직하고서 노후를 보낸다고 생각할지도 모르겠습니다. 하지만 현실은 전혀 그렇지 않습니다. 일정 부분 지금보다 나은 조건에서 대학생활을 하고 취업을 하고 결혼하여 집 장만도 한 점은 인정할 수 있지만 딱 거기까지입니다. 그동안 자녀를 양육하고, 결혼 자금 등으로 목돈을 다 써버리고 정작 자신들의 노후생활은 대비하지 못한 경우가 많습니다.

KB금융지주 경영연구소의 자료에 의하면 우리나라 노년층의 은퇴 후 필요 자금은 월 230만 원 정도라고 합니다. 그런데 실제 준비 실태를 보면 그 절반인 110만 원 정도에 그치고 있답니다. 퇴직 후에 마땅히 살아갈 경제력도 없는 데다 자녀들에게 의지할 수도 없는 형편에 노년의 부부 관계도 깨지는 경우가 증가하고 있는 실정입니다.

결혼 4년 이내의 신혼 이혼보다 결혼 20년 이상의 황혼 이혼이 더 많아진 세상입니다. 과거에는 결혼 직후에 갈등을 빚으며 젊었을 때 하루빨리 갈라서자는 인식이 강해 신혼 이혼이 많았습니다. 하지만 이제는 수명이 길어지면서 나이 들어서라도 갈라서고 편하게 살자는 인식이 강해져 황혼 이혼의 비중이 무려 28퍼센트 가까이 됩니다. 24퍼센트 정도인 신혼 이혼의 비중을 넘어선 것입니다. 결국 중년의 삶도 직장에서 치이고 가정에서 밀려나며 자칫 이혼의 위기까지 갈 수 있는 힘겹고 고단한 삶이 된 것입니다. 게다가 여성의 경우에는 중년이 되면서 우울증을 앓는 일이 많아집니다. 호르몬의 영향과 임신, 출산의 영향으로 남성에 비해 여성 우울증 환자가 두 배나 많은 현실입니다. 이렇게 어른으로 산다는 것도 결코 만만한 일이 아닙니다. 그렇다고 도망칠 곳도 없습니다. 주어진 삶 속에서 도망쳐서도 안 되겠지요.

우리네 인생은 밥만 먹고 산다고 될 일이 아닙니다. 밥 먹는 일에만 몰두하다 보니 밥보, 즉 바보만 양산이 된 것은 아닐까요? 어차피 늘어난 삶의 여정이라면 자녀와 부모가 함께 인간다움의 가치를 추구하는 내면의 성장에 초점을 맞추어 삶을 배우고 훈련해야 하지 않을까요? 지금부터라도 우리는 전 세대에 걸쳐 정서적인 건강 회복을 위한 노력을 병행해야만 합니다.

아시아의 호랑이에서
쫓기는 고양이 신세로!

　프랑스의 문화비평가이자 세계적인 석학으로 인정받고 있는 기 소르망 교수는 한국의 산업화와 민주화야말로 '인류의 소중한 문화유산'이라고 말했습니다. 서양의 산업화는 300년에 걸쳐 이루었고, 일본의 산업화에는 100년의 세월이 필요했습니다. 그런데 한국은 산업화에 민주화까지 더해, 이 두 가지를 단 30년 만에 이루어냈습니다. 세계 역사상 이런 업적을 이룬 나라는 없었습니다.

　일례로 IMF 외환위기 극복을 들 수 있습니다. 우리나라는 1997년 외환위기로 550억 달러의 국제적인 빚을 지게 되었습니다. 당시 IMF 지원체제로 접어들면서 강도 높은 구조조정으로 수많은 실직자가 쏟아지기도 했습니다. 하지만 좌절하거나 포기하지 않고 KBS의 금 모으기 캠페인을 시작으로 전국에서 금 모으기 운동을 전개해 결혼반지, 돌반지, 운동선수들의 금메달까지 약 350만 명이 동참하면서 무려 2조 5천 억 원어치의 금이 모아졌습니다. 결국 2001년 8월까지 차입금을 완전히 상환하여 3년 8개월 만에 예정보다 3년 가까이 일찍 부채를 청산하고 IMF 체제를 종료했습니다. 이는 세계적으로 유례가 없던 일입니다.

아직까지 기억에 생생한 2002년 월드컵 4강 신화도 빼놓을 수 없습니다. 2015년 MBC에서 진행한 광복 70주년 대국민 의식조사에서 역사상 가장 자랑스러웠던 순간으로 월드컵 4강 신화를 꼽았을 정도입니다. 특히 전 세계의 이목을 집중시킨 붉은 악마의 응원 열기가 압권이었습니다. 그 이름만으로도 축구의 시작이고 끝이 된 붉은 악마의 거리 응원은 그 후 세계로 뻗어나가 응원 문화로 자리 잡기도 했습니다. 수십만 명의 응원단이 자발적으로 거리를 메우고 밤을 새워 응원하고 출근하고 등교하는 나라, 대한민국입니다.

일본을 무시하고 중국을 우습게 볼 때가 아니다

세계적인 경제 대국이자 정치적인 영향력이 최고 수준인 일본을 마치 옆집 장난꾸러기 취급하며 까불지 말라고 할 수 있는 유일한 나라는 대한민국뿐입니다. 미국을 비롯해 서구 유럽의 그 어떤 나라도 일본을 이렇듯 가볍게 취급하는 나라는 없습니다. 그런데 유일하게 대한민국만 일본을 우습게 생각합니다. 인구, 경제력, 인지도, 글로벌 영향력 가운데 어느 하나 객관적으로 일본을 앞서지 못하지만 유일하게 일본을 애 취급하는 자신감의 대명사, 대한민국입니다. 객관적인 지표에서는 밀릴지언정 정신력 하나만큼은 기필코 일본을 이겨내는 민족입니다. 야구가 그랬고 축구가 그랬으며 2003년까지 세계에서 가장 높은 건물이었던 말레이시아 쌍둥이 빌딩^{KLCC} 건설 당시 일본을 누르고 더 빨리 완공한 일이 그랬습니다. 노벨 평화상 수상자가 단 한 명밖에 없는 우리나라가 무려 24명의 노벨상 수상자를 배출한 일본을 우습게 여기는 것입니다.

세계에서 가장 경제 관념이 투철하고 부자가 많기로 유명한 유대인을 게으르다고 느끼게 만든 유일한 나라, 전 세계 어느 나라에서든 화교들의 상권은 독보적인 위치를 점하고 있지만 유일하게 화교가 세력을 얻지 못한 나라가 대한민국입니다. 1971년 조선소를 짓기 위해 차관을 얻어 와야 하는 상황에서 울산 미포만 모래사장의 흑백사진 한 장만 달랑 들고 영국으로 건너가서 조선소를 지을 자금과 유조선 2척까지 주문 받아온 민족이 대한민국입니다. 당시 500원짜리 지폐에 그려진 거북선을 보이며 1800년대에 시작한 영국의 조선 역사보다 300년이나 빠른 1500년대에 거북선과 같은 철갑선을 만든 민족을 믿어보라고 배짱 좋게 거래를 제안한 정주영 회장의 일화입니다.

1950년 한국전쟁 당시 필리핀 국민 소득의 절반으로 세계에서 가장 못살던 나라에서, 한강의 기적을 이루고 2009년 OECD에 가입하면서 개발원조위원회^{DAC} 회원이 되어 원조를 받던 나라에서 원조를 하는 나라로 탈바꿈한 유일한 나라, 바로 대한민국입니다. 이것은 국제사회에서 원조 선진국으로 인정받는 한편, DAC 회원국 가운데 개발도상국의 경험을 가진 유일한 나라로서 특별한 의미를 지니는 일입니다. 이랬던 우리나라가 2016년 현재 힘든 싸움을 하고 있습니다. 한때는 '아시아의 호랑이'라고 불리던 우리나라가 얼마 전까지만 해도 이빨 빠진 호랑이로 전락하더니 이제는 쫓기는 고양이 신세가 되었습니다.

가까운 나라 중국은 우리와 완전 딴판인 모습입니다. 우리에게 중국은 싸구려의 나라, 짝퉁의 나라 이미지였습니다. 그러던 중국이 달라졌습니다. 이제 더 이상 단지 싼 임금에 노동력을 제공하는 나라가 아닙니다. 그저 임금이 싸다는 이유로 많은 기업이 중국으로 몰려갔다가 이제는 더 이상 경쟁력이 없어져서 다른 나라를 찾고 있는 형편이 되었습니다. 중국은 엄청난 구매력을 무기로 세계 경제를 호령하는 나라로 우뚝 섰습니다.

2015년 중국 최대의 전자상거래업체 알리바바에서는 중국판 블랙프라이데이라고 할 수 있는 '광군제'를 통해 12시간 만에 무려 10조 원의 매출을 올렸습니다. 알리바바의 하루 매출이 롯데백화점 1년 매출을 넘어선 것입니다, 단 하루 만에. 중국에는 먹고살 만하다는 중산층이 1억 900만 명이 있습니다. 이들의 구매력은 가히 가공할 만합니다. 그래서 세계가 더욱 주목하고 있는 것입니다.

알파고와 같은 오류를 범해서는 안 된다

중국의 경제 성장률이 7퍼센트 아래로 내려간다고 전 세계가 난리입니다. 이렇듯 중국 경제가 세계 경제에 미치는 영향은 가히 태풍급입니다. 중국에서 성공한 기업은 이미 세계적인 기업이라고 할 수 있습니다. 그래서 우리나라 연예인들도 중국 시장의 문을 꾸준히 두드리고 있습니다. 중국에서 성공하면 세계적으로 성공한 것과 동등한 인기를 누리게 됩니다.

우리의 기억 속에서 희미해진 추자현이라는 배우가 있습니다. 2007년에 중국으로 진출했으니까 한국에서는 이미 잊힐 만도 합니다. 약간 보이시한 매력이 있는 배우인데, 어쨌든 우리나라에서는 크게 인기를 얻지 못하고 슬럼프도 겪었습니다. 그런데 중국으로 진출하여 완벽하게 중국어 실력을 쌓고 리메이크 드라마에 출연하면서 그야말로 대박이 터졌습니다. 한마디로 대륙의 여신이 되었고, 중국의 신데렐라가 되었습니다. 우리나라에서 최고의 대우를 받는 그 어떤 배우 못지않은 인기와 명성, 그리고 개런티를 받고 있습니다. 중요한 것은 중국 시장이 워낙 넓다 보니 드라마 하나가 떴다 하면 전국을 돌기까지 수년이 걸린다는 것입니다. 그만큼 중국은 잠재력이 큰 시장입니다.

중국 기업의 기술력 향상도 만만치 않습니다. 과거에는 중국의 기술력이 워낙 볼품없어서 우리 기업이 수년 이상의 기술 격차로 따돌린 상태였습니다. 그런데 이제 상황이 달라졌습니다. 국회 입법조사처의 자료에 따르면 에너지, 자원, 극한기술 분야에서는 이미 우리와 기술 격차가 거의 없어진 상태라고 합니다. 게다가 항공, 우주 분야의 경우 우리가 오히려 5년 정도 뒤떨어졌습니다. 우리가 강점으로 인식하는 전자, 정보, 통신 분야도 불과 1년 반 정도의 격차로 좁혀졌고 의료, 바이오, 기계, 제조 분야도 마찬가지 상황입니다. 중국만 놓고 보아도 이런 변화의 물결이 몰려오고 있습니다. 우리 기업이, 아니 우리나라가 미래 경쟁력을 놓고 심각하게 고민할 때인 것입니다.

더 이상 안일한 과거의 성공 경험에 도취해 있을 때가 아닙니다. 과거 조정경기를 하던 시절에서 이제 래프팅을 하는 시대로 변한 것입니다. 웬만하면 미래가 예측되어 대응이 가능하고 내가 아니라도 누군가가 대신해 자리를 메워주던 조정경기가 아닙니다. 골짜기를 돌면 무엇이 튀어나올지 알 수가 없고, 각자의 자리에서 제 역할을 해내지 못하면 배 전체가 뒤집힐 수 있는 래프팅의 시대를 살고 있는 것입니다. 이런 시대일수록 하드웨어적인 발전과 소프트웨어적인 발전의 조화가 필요합니다.

기업의 경쟁력은 결국 사람입니다. 사람의 정신이 가장 중요합니다. 기업이 살려면 사람의 정신이 살아야 합니다. 일본전산의 나가모리 사장은, "기술은 다섯 배의 차이를 만들고 의식은 100배의 차이를 만든다"고 했습니다.

기업가든 정치가든 자신의 가시적인 역량만 가지고서는 살아남을 수 없습니다. 그 역량을 가치 있게 만들 수 있는 정신이 중요합니다. 그래서 사람이 기계와 다른 것입니다. 아무리 기계가 발달하고 인공지능이 발달해도 사람은 사람입니다. 기계가 사람을 대신할 수는 없습니다.

얼마 전 세기의 대결이 펼쳐졌습니다. 바로 이세돌 9단과 구글 알파고의 대결입니다. 아쉽게도 결과는 이세돌 9단이 4대 1로 졌습니다. 하지만 그래도 기계는 기계입니다. 알파고는 알고리즘에 의한 기계적인 의사 결정을 한 것이지 사람처럼 감정과 혼을 담아 바둑을 둔 것은 아니기 때문입니다. 그저 프로그래밍에 따라 매우 똑똑하게 움직인 것뿐입니다. 단지 바둑에서 이겼다고 기계가 사람을 이겼다고 할 수는 없습니다.

우리 기업에서도 물론 기계나 컴퓨터를 잘 키워야 하겠지만 먼저 사람을 잘 키워야 합니다. 그 일을 왜 하는지 제대로 인식하고 업무에 임하는 소프트파워를 가진 사람을 키워야 합니다. 윤리, 도덕은 교과서에나 나오는 개념이 아닙니다. 왜 일터에서 일하며 어떤 가치관을 갖고 살아야 하는지 올바로 아는 것이 윤리이고 도덕입니다. 그것이 인성입니다. 애나 어른이나 그래서 인성이 중요합니다. 왜 바둑을 두는지도 모른 채 미동도 하지 않고 계산 값에만 의존해 바둑을 두는 알파고와 같은 사람이 되어서는 안 됩니다. "우리의 아이들이 알파고와 같은 오류를 범하지 않도록 해야 한다"는 어느 평론가의 말이 귀에 남습니다. 공부를 하든 일을 하든 그것을 왜 하는지는 알고 하도록 해야 하지 않을까요? 제대로 된 생각을 할 힘을 길러주는 것이 인성교육의 시작입니다.

취업의 새로운 트렌드,
인성은 경쟁력이다

2014년 영국문화원에서 조사한 자료가 아주 흥미롭습니다. 인류 역사상 지난 80년간 세계를 바꾼 사건을 조사했는데, 3위에는 PC가 선정되었고 2위에는 페니실린이 선정되었습니다. 그렇다면 1위는 무엇일까요? 무엇이 인류 역사를 바꾸는 데 가장 결정적인 영향을 미쳤을까요? 그것은 '월드 와이드 웹www'이었습니다. 인터넷을 통해 인류의 역사가 비약적으로 바뀌었다는 것입니다. 이것이 무엇을 의미하겠습니까? 왜 인터넷이 세상을 이렇게 바꾸게 된 것일까요? 아시다시피 무한한 정보의 바다를 연결해주었기 때문입니다. 인터넷의 발명으로 세계가 하나로 연결되었고 무궁무진한 정보를 공유할 수 있게 되었습니다. 과거 종이와 인쇄술의 발명으로 정보 공유에 있어서 인류 역사의 한 획을 그었듯이 이제는 인터넷을 통해 전혀 다른 차원의 세상이 열렸기 때문입니다.

산업혁명으로 생산의 기계화가 가능해졌고, 그 이전까지 상상조차 할 수 없었던 대량생산이 가능해졌습니다. 컴퓨터와 인터넷의 발명으로 인간의 지적 능력의 한계를 뛰어넘는 무한한 지식과 정보의 활용이 신속하게 이루어지고 있습니다.

요즘은 아이들이나 노년층에서도 웬만큼 컴퓨터를 다룰 줄 압니다. 옛날 같았으면 상상도 못했을 정보와 지식을 모든 연령층과 다양한 배경을 가진 사람들이 공유하게 되었습니다. 암산이나 암기 능력은 이제 크게 주목받을 일이 없어졌습니다. 모든 것이 간단하게 클릭 몇 번만 하면 해결되는 세상이 왔습니다. 그런데 이게 잘된 일이기만 할까요? 이런 기술의 발달이 인간에게 꼭 좋은 일이기만 할까요? 그게 아니니까 문제입니다. 이런 인터넷과 컴퓨터의 발달로 과거에 없던 새로운 직업이 생겨나기도 했지만, 반대로 기존에 있던 직업이 사라지기도 했습니다. 과거에 비해 일하기가 훨씬 편해지기도 했지만, 반대로 훨씬 까다롭고 어려워진 부분도 있습니다.

인간을 위협하는 기계의 도전

이제 우리는 인간과 경쟁하던 것에서 기계나 컴퓨터와 경쟁해야 하는 시대를 맞이하고 있습니다. 인간과 경쟁하는 것이 편할까요, 기계나 컴퓨터와 경쟁하는 것이 편할까요? 장기적인 면에서 생각해본다면 결코 기계와의 경쟁이 편하다고만 할 수는 없을 것입니다. 그럼에도 불구하고 이제는 시대가 변했습니다. 그렇다면 기계와의 경쟁해서 이기려면 어떻게 해야 할까요?

과연 인간이 기계보다 훨씬 더 오래 지치지 않고 일할 수 있을까요? 백만 번의 팔굽혀펴기를 하는 어느 배터리 광고처럼 인간이 무한하게 힘을 쓰며 지치지 않을 수는 없습니다. 컴퓨터보다 빨리, 그리고 더 많은 정보를 가질 수도 없습니다.

지치지도 않고 엄청나게 빨리 많은 양의 정보를 찾아서 결합하는 기계와 컴퓨터가 맞짱을 뜨자며 우리 앞에 나타났습니다. 우리는 이제껏 어떻게든 살아왔으니 앞으로 대충 처신하면 된다고 칩시다. 우리 아이들은 어떻게 하면 좋겠습니까? 아이들은 이제 기계나 컴퓨터가 없으면 너무나 불편해져버렸는데 앞으로 그들과의 경쟁해서 이길 방법은 과연 무엇이겠습니까? 그들과의 경쟁에서 이기지 못하면 생존하지 못할 텐데 어찌하면 좋겠습니까?

이제 기업에서 사람을 선발하는 기준도 달라졌습니다. 우리나라 대기업에서 신입직원 한 사람을 훈련시켜 제 역할을 하도록 만드는 데 드는 시간과 제반 비용을 계산하면 통상 1인당 1억 원 정도라고 합니다. 그렇게 많은 비용이 들어가는데 대충 아무나 뽑을 수는 없겠지요? 그래서 다양한 선발 기준을 만들고 여러 과정을 거치도록 하고 있습니다. 웬만한 기업은 3~4년차 이상의 전형 과정을 거치기도 합니다. 그래도 막상 선발해서 일을 시켜보면 기대에 못 미치는 경우가 있습니다. 인적자원관리Human Resource Management; HRM가 채용 이후의 인적자원개발Human Resources Development; HRD에 비해 훨씬 더 복잡하고 어려운 일임에 틀림없습니다.

대체로 기업이 선호하는 인재의 유형은 크게 다르지 않은 듯합니다. 취업정보 전문업체 잡코리아의 자료를 보면 가장 많이 꼽는 인재의 조건으로 책임감, 적극성, 창의력, 성실성을 들고 있습니다. 또한 〈중앙일보〉에서 국내 기업의 임원들을 대상으로 '자르고 싶은 직원의 유형'을 조사한 결과 가장 많은 비중을 차지한 것은 거짓말하는 직원이고, 무책임한 직원이 그 뒤를 이었습니다. 그리고 세 번째는 무능력한 직원이었습니다. 조직에서 성과를 지향하는 특성을 감안할 때 무능력한 직원보다 무책임하고 거짓말하는 직원이 더 부정적인 평가를 받는다는 것은 시사하는 바가 크다고 하겠습니다. 특히 최근의 트렌드로는 개인의 역량 이전에 팀워크 능력을 점검하는 기업이 늘고 있다는 점에 주목해야 할 것입니다. 상호 소통하고 협업하는 데 익숙하지 않은 직원은 개인의 역량이 아무리 뛰어나도 결국 조직 차원에서는 득보다 실이 많다고 생각하는 것입니다. 저는 이것을 '관계 역량'이라고 표현합니다. 결국 개인 역량과 관계 역량이 조화를 이룰 때 성과는 극대화되는 것입니다.

기계가 대체할 수 없는 인간 고유의 감성

우리 아이들이 취업을 할 때쯤 되면 우리가 살아왔던 시대와는 차원이 다른 자질과 조건이 필요해질 것입니다. 그래도 실력만 있으면 어디든 갈 데가 있을 것이라는 막연한 환상은 버려야 합니다. 초등학교 때부터 일단 성적과 스펙만 만들어놓으면 대인관계 능력 따위는 나중에 얼마든지 보충해 넣을 수 있을 것이란 착각은 매우 위험합니다.

"세 살 버릇 여든까지 간다"는 말이 왜 있겠습니까? 초등학교 시절의 인성이 결국은 그 사람의 평생을 좌우할 만큼 결정적인 역할을 합니다. 물론 나이가 들어서 아주 극적인 경험을 통해 변하는 사람도 있긴 합니다. 그러나 그런 일은 확률적으로 매우 희박합니다. 그리고 그만큼의 대가를 지불해야 가능합니다. 확률 없는 일에 모험을 걸며 아이를 키워서는 안 되겠지요? 미래사회를 이끌어갈 인재는 기계나 컴퓨터가 대체할 수 없는 인간 고유의 감성과 윤리적인 부분, 그리고 창의적인 발상을 기반으로 역량을 키워가야 합니다.

지난 2월 미국의 구글이 시험운행 중인 자율주행 자동차가 접촉사고를 냈습니다. 시내버스와 가벼운 사고를 낸 것인데 시험운행 중에 낸 최초의 자책사고였습니다. 이 자율주행 차량이 아무리 완벽하게 설계되고 프로그래밍 되었다 해도 뒤에서 오는 버스가 속도를 줄일지, 그대로 달려올지를 판단하기에는 아직 부족한 것이었습니다. 운전이란 단순히 주변 정보와 상황을 치밀하게 계산해서 결과값을 낸다고 다 맞는 것이 아닙니다. 상대방 운전자의 양심적이고 윤리적인 판단이 어떤가도 중요한 변수로 작용합니다. 사람이라면 이런 판단이 가능하지만 컴퓨터는 거기까지 판단할 수 없는 것입니다. 결국 양심의 문제, 도덕과 윤리의 문제, 가치관의 문제 등은 사람만이 관장할 수 있는 영역입니다. 로봇이 흉내 내는 정도와는 근본적으로 차이가 날 수밖에 없습니다.

생존경쟁이 치열한 경영 환경 속에서 지속 가능한 기업을 만들기 위한 각 기업의 노력은 뼈를 깎는 듯할 것입니다. 그럴수록 유능하고 미래 지향적인 인재 확보에 심혈을 기울일 것인데, 그 인재의 조건을 제대로 파악하고 양육해야 우리 아이들이 성장하여 자신의 삶을 제대로 만들어갈 것 아니겠습니까?

당장 남들이 하는 선행학습, 영어 점수, 시간 때우기 식의 봉사활동으로 채운 생활기록부, 인턴이나 해외 연수 이력 등의 스펙 아닌 스펙으로 아이들의 미래를 잘 준비하고 있다고 생각하면 오산입니다. 그런 것들로는 로봇을 이길 수 없습니다. 컴퓨터보다 나은 강점을 어필할 수 없습니다. 기계나 컴퓨터가 범접할 수 없는 인간만의 매력을 키워야 합니다. 문자 그대로 지구 전체가 한 마을이 된 지구촌 시대를 살면서 나 혼자만 잘 먹고 잘 살려는 태도를 고쳐야 합니다. 함께 어울려 더불어 살아가는 법과 그 의미를 가르치고 실천하도록 도와주어야 합니다. 이것이 우리 아이들의 미래를 밝게 만드는 비결입니다.

다음 세대에게 무엇을 물려주면 좋을까요? 자녀에게 집 한 채 물려주고 부모로서 할 일을 다 했다고 큰소리 칠 수 있을까요? 물론 그 역시 쉬운 일은 아니겠지만 정말 물려줘야 할 것은 한 사람의 인간으로서 걸어야 할 길을 걷도록 해주는 것입니다. 그들이 살아갈 세상을 살 만한 세상으로 만들 수 있도록 제대로 된 가치관을 물려주는 것입니다. 조급한 마음으로 상급학교의 진학에만 목을 매며 원하는 것을 다 해주었는데 이게 무슨 날벼락이냐고 땅을 치고 후회할 일이 생기기 전에 아이들의 인성을 돌보는 어른이 되길 바랍니다.

여러분이 이 책을 읽고 있는 동안에도 옆집 엄마는 수능 패턴을 분석하고 입시 컨설팅을 받고 있다고 불안해하지 마십시오. 그저 먹고 자는 일만 하면서도 주인에게 사랑 받는 개처럼 되고 싶은 아이로 만들지 않도록, 부모에게 반항하는 수단으로 무기력에 빠져 사는 아이가 되지 않도록, 자기 자신을 해치며 어른들과 이 사회에 복수한다고 생각하는 아이로 성장하지 않도록 정신 바짝 차리고 아이의 인성을 돌보아야 합니다. 그것이 지금 우리나라의 부모와 교사가 해야 할 진짜 사명입니다.

2장에서는 부모와 교사, 그리고 전문강사를 위해 인성교육진흥법에서 규정한 여덟 가지 인성 덕목을 풀이해놓았습니다. 인성교육이 교실에서 강의로만 이루어지는 것은 아니지만, 기본적으로 인성 덕목을 제대로 이해하지 못하면 인성교육을 다양한 방법으로 이끌어갈 수 없기 때문입니다. 그리고 아이들에게 인성 덕목에 대해 명확하고 쉽게 이해시키는 과정 없이는 효과적인 교육이 어렵습니다. 어떤 내용을 가르치고 체득시키려면 먼저 그 개념의 올바른 이해와 명확한 정의가 선행되어야 합니다. 그런 의미에서 이 장의 내용을 이해하고 해석하여 가르치는 이로서 먼저 내재화를 이루기 바랍니다. 그리고 아이들에게 응용과 재해석의 방법을 통해 제대로 알려주시기 바랍니다.

- ○ 인성교육으로 성숙한 사회 만들기
- ○ 인간을 가장 인간답게 만드는 교육
- ○ 어른들에 대한 신뢰가 정직한 아이를 만든다(정직)
- ○ 자유에는 책임이, 책임에는 용기가 필요하다(책임)
- ○ 다름을 인정하는 것, 존중의 시작이다(존중)
- ○ 작은 배려가 큰 행복을 만든다(배려)
- ○ 올바른 소통이 건강한 관계를 만든다(소통)
- ○ 어떤 천재도 혼자서 모든 것을 이룰 수는 없다(협동)
- ○ 올바른 싸가지를 갖추는 것이 곧 예의다(예(禮))
- ○ 효야말로 인성교육의 기본이다(효(孝))

PART 2

인성교육,
무엇을
가르칠 것인가?

세상에서 가장 강한 사람은
자신의 생각과 감정을 극복한 사람이다.
톨스토이

인성교육으로
성숙한 사회 만들기

우리나라는 2012년에 이미 '2050 클럽'에 가입했습니다. 이는 1인당 국민소득 2만 달러에 인구 5천만 명을 넘은 나라를 말합니다. 세계에서 일곱 번째였습니다. 그리고 그 다음해엔 무역 1조 달러까지 달성하여 세계 6개국밖에 없다는 성과를 기록했습니다. 이처럼 경제력의 질적, 양적 측면에서는 그 어디에 내놓아도 손색이 없는 가시적인 성과를 이루었습니다. 그런데 삶의 질과 사회적 만족도가 문제입니다.

매년 국제투명성기구에서 발표하는 국가별 부패인식지수를 보면 2015년 우리나라는 OECD 37개국 가운데 27위로 하위권에 속합니다. 최근 〈베테랑〉, 〈내부자들〉, 〈검사외전〉 등의 영화가 흥행 돌풍을 일으킨 이유도 부패된 사회에 염증을 느낀 우리 국민들의 대리 만족과 밀접하게 연결되어 있다고 볼 수 있을 것입니다.

아무리 물질적으로 풍요로운 사회라 하더라도 사회 공동체의 신뢰감과 유대 관계에 문제가 있다면 이는 성숙한 사회라고 보기 어렵습니다. 사람도 유년기와 청소년기를 거쳐 청장년기로 성장하면서 인격적인 성숙이 필요하듯이 한 사회도 마찬가지로 성숙해지는 단계를 거쳐 발전하는 것입니다. 그런데 우리 사회는 어떻습니까? 경제 규모와 국제적인 위상이 커진 만큼 성숙한 사회라고 할 수 있을까요?

영국의 미래학자 데니스 가보는 '성숙한 사회란 양적인 확대만을 추구하는 대량 소비사회가 아니라 물질문명과 함께 정신적인 풍요와 질적인 향상을 동반하는 사회'라고 규정했습니다. 이런 관점에서 본다면 성숙한 사회를 위해서는 개인의 인격에 견줄 만한 나라의 품격과 사회적인 품격이 있어야 할 것입니다. 따라서 그 사회 구성원의 정서와 인간미, 도덕성 수준이 그 사회의 성숙도를 말해주는 것입니다.

세월호 참사, 판교 환풍구 추락 사건, 유명 기업인과 정치권의 비리 등을 보면 우리 사회의 품격과 성숙도는 한참 미흡하다고 볼 수밖에 없습니다. 특히 기성세대뿐만 아니라 우리 아이들의 의식 수준도 심각한 상태임을 여러 정황을 통해 알 수 있습니다. 교육부의 정책 연구 결과를 살펴보면 우리나라의 아동 및 청소년들은 인성 관련 요소 가운데 준법성, 자기이해 및 자기조절능력 부분에서 특히 낮은 지표를 보이고 있습니다. 그리고 OECD 국가와 비교해보면 사회적 상호작용능력이 떨어져 결국 더불어 사는 능력이 부족한 것으로 드러났습니다.

**인성과 인성교육의
진정한 의미**
|

한 사회의 성숙도는 구성원들의 인성을 바탕으로 만들어집니다. 아무리 물질적으로 풍요롭게 발전한다 해도 인성이 뒷받침되지 않은 사회를 성숙한 사회라고 말하지는 않습니다. 일찍이 로마의 철학자 키케로는 "시민들의 인성 속에 국가의 행복이 달려 있다"고 말했습니다.

앞서 언급한 수많은 사회문제와 부정적인 지표들은 하루아침에 갑자기 생겨난 것이 아닙니다. 지나칠 정도로 압축 성장을 이어오는 동안 수도 없이 지나친 크고 작은 문제의 원인들은 성숙한 시민의식의 결여와 삐뚤어진 인성에 의한 인과적인 현상이라고 진단할 수 있습니다. 국가의 지도자들이 제도와 시스템을 아무리 정교하게 만들고 운용한다 한들 궁극적으로 그 주체는 사람이므로 사람의 인성 수준에 따라 결과는 판이하게 달라질 수밖에 없는 것입니다. 따라서 한 사회의 운명은 그 사회 구성원 개개인의 인성 수준이 결정한다고 결론지을 수 있습니다.

올바른 인성은 개인의 삶은 물론 사회 전체의 유지와 발전을 위해 반드시 필요한 요소인데, 우리 사회는 이런 인성에 얼마나 관심을 기울였는지 반성해볼 시기임을 부인할 수 없습니다. 그런데도 우리는 개인의 물질적 풍요와 사회적 성공에만 초점을 맞춘 채 앞만 보고 달려가며 주변에는 철저히 무관심한 냉혹함을 보이고 있지는 않았는지요? 사회 곳곳에서 벌어지고 있는 인명 경시 풍조와 물질 만능주의 행태가 날로 심해지고 있는 현상은 무엇을 말하고 있을까요? 갑질 논란으로 을로 살아가는 미생들에게 완생의 희망을 빼앗아버리는 일들이 기업과 학교, 심지어 종교 단체에까지 예외가 없음에 할 말을 잃은 적이 한두 번이 아닙니다.

세계 그 어느 나라에서도 유례가 없을 만큼 더불어 사는 민족의 강점을 가졌던 우리가 어쩌다 이렇게 분노하며 인간성을 상실한 모습을 보이게 된 걸까요? 아파트 층간 소음 문제로 다투다가 살인으로 번지는 일도 적지 않게 일어나고, 병원에 입원한 환자에게 금연하라고 했다가 불을 지른 사건도 발생했으며, 운전 중에 끼어들기나 추월 문제로 보복 운전을 하다가 사고로 이어지는 사례도 빈번하게 일어나고 있습니다. 부부 싸움 끝에 집에 불을 지른 사건이나 길바닥에 누워 위협하다가 차에 치어 사망한 사건 등 수없이 많은 사건 사고가 발생하고 있습니다. 이런 종류의 사건 이면에는 자기조절능력 부족과 사회성 결여와 같은 인성적인 요인이 자리하고 있습니다.

그렇다면 인성이란 과연 어떤 것일까요? 인성에 대해 올바로 인식해야 올바른 인성을 갖출 수 있지 않겠습니까? 2015년 제정된 인성교육진흥법에 따르면 인성이란 '자신의 내면을 바르고 건전하게 가꾸고 타인, 공동체, 자연과 더불어 살아가는 데 필요한 인간다운 성품과 역량'이라고 정의하고 있습니다. 그리고 '그러한 인간다운 성품과 역량을 길러주는 일'을 인성교육이라고 말합니다. 여기서 개인의 내면을 바르고 건전하게 가꾸는데 필요한 인간다운 성품과 역량은 주로 도덕적 덕성 차원이고 타인, 공동체, 자연과 더불어 살아가는 데 필요한 인간다운 성품과 역량은 시민적 덕성 차원이라고 할 수 있습니다. 한마디로 바람직한 인성이란 도덕적 덕성과 시민적 덕성을 갖춘 것을 의미하는 것입니다. 조금 더 간결하게 표현한다면 인성이란 '인간이 추구하고 성취해야 하는 인간다운 성품과 자질'이라고 정리할 수 있겠습니다.

한국교육학회에서는 인성을 성격^{personality}과 같은 의미로 사용할 수 있다고 강조합니다. 원래 성격이란 말은 가면이라는 뜻의 라틴어 '페르소나^{persona}'에서 유래된 것입니다. 그 옛날 극장에서는 가면이, 자신의 캐릭터를 숨기기 위한 것이 아니라 오히려 전형적인 캐릭터를 표현하기 위한 도구로 사용되었습니다. 그러므로 성격이란 말에는 가치중립적인 특성이 반영되어 있다고 할 수 있습니다.

우리가 성격이란 용어와 흔히 혼용하는 캐릭터^{character}라는 말은 타인과의 차별성을 강조하기보다는 도덕적 선택에 관한 자신의 사고 및 행동양식을 의미합니다. 그러니까 좋은 캐릭터라고 하면 덕이 있음을 의미하고, 좋은 성격이라고 하면 개인적인 매력이 있음을 의미하는 것으로 구분하면 되겠습니다.

인성과 유사한 개념으로 도덕성을 구분해본다면 인간다운 성품과 덕성 및 자질이 인성임에 비해 도덕적인 정서와 행동에 국한되는 것이 도덕성인 것입니다. 도덕성은 인간다움을 기본으로 하기에 인성교육과 중첩되는 면이 있고, 기본적으로 공유할 수 있는 부분이 있습니다. 도덕성을 기준으로 보면 '성격 〈 캐릭터 〈 도덕성'의 순서로 비교할 수 있겠습니다. 결국 도덕은 인성교육의 핵심 영역이고, 인성은 지^知, 정^情, 의^意를 모두 갖춘 전인적인 인간교육의 필수 과정으로 보면 될 것입니다.

인성교육, 가정 · 학교 · 국가의 공조가 절실하다

우리나라 교육기본법 제2조를 보면 이미 인성교육의 중요성과 교육의 이념을 밝히고 있습니다. '홍익인간'과 '민주시민'이란 단어가 이를 대변합니다. 그리고 이미 1995년 교육개혁 당시에 인성교육을 강조했고, 2009년에는 국가 경쟁력의 핵심을 '지식, 정보의 생산력'과 '사회적 자본'으로 규정하면서 창의성교육과 인성교육을 강조했습니다. 그리고 2011년에는 '모든 교육활동을 통해 인성교육을 실천하도록 교육과정을 구성한다'는 항목을 신설했습니다. 이런 노력과 시도가 있었음에도 여전히 인성교육이 지지부진한 것은 지속적이고 체계적인 교육이 아니라 특정 사건에 대응하기 위한 대증요법으로 활용되거나 입시 위주의 교육 풍토에서 제대로 뿌리내리지 못한 현실적인 한계 때문이라고 생각합니다.

미국에서는 1980년대 미국 사회의 커다란 이슈였던 학교 폭력과 마약 범죄 및 총기 사고 등을 기점으로 1990년대부터 인성교육운동character education movement을 전국적으로 전개하면서 정치적인 리더십과 법제화를 통해 인성교육을 최우선시하는 분위기가 형성되었고, 현재까지 일관되게 민간 부문으로 확대되고 있음을 참고할 필요가 있습니다. 이처럼 인성교육의 실효적인 추진을 위해서는 국가와 가정과 학교가 호흡을 맞추어 지속적이고 체계적으로 시행해나가는 것이 무엇보다 중요합니다. 인성교육에 대한 인식의 공유와 전파를 통한 꾸준한 노출도 병행되어야 하는데 이를 위해서는 언론의 협조가 절대적으로 필요합니다.

인성교육의 성공적인 시행을 위해서는 무엇보다 교육의 핵심에 인성교육을 포진시키는 것이 중요합니다. 성적과 입시, 취업 위주의 성과만을 기준으로 학교와 교사, 그리고 학생을 평가하는 잣대부터 바꿔야 합니다. 가정에서 부모가 자녀를 양육할 때의 기준도 마찬가지로 바뀌어야 합니다.

교육이란 지식인을 길러내는 것이 아니라 지성인을 길러내는 것이어야 합니다. 지식과 인성을 가진 사람이 진정한 지성인입니다. 학창시절 내내 공부만 하면서도 왜 공부를 해야 하는지조차 모르고 십 수 년을 보내니까 공부벌레가 되어 벌레 같은 인생을 살게 되는 것 아니겠습니까? 미국의 흑인운동 지도자이자 목사인 마틴 루터 킹이 말했듯이 지식과 인성이야말로 진정한 교육의 목표인 것입니다.

인성교육은 생애 단계별로 교육이 이루어져야 합니다. 인성교육을 단지 초·중·고교 학생만을 위한 교육으로 제한해서는 안 됩니다. 유아기의 애착 형성부터 시작해서 노년기의 죽음에 관한 문제에 이르기까지 전 생애에 걸쳐서 전인격적으로 시행되어야 합니다. 그래야 인성교육에 너 나 없이 동참하고 공감하게 될 것입니다. 이를 위해서는 어른들이 솔선수범해야 합니다. 특히 사회 지도층이 솔선하는 모습을 보여야 합니다. 매일같이 뉴스에 오르락내리락하는 지도층의 비리와 파렴치한 행위를 보면서 학생들이 무슨 인성교육을 생각하고 또 어떻게 받아들이겠습니까? 가정에서는 부모가, 학교에서는 교사가 함께 솔선하면서 가르쳐야 하는 것입니다. 그리고 사회 지도층의 각별한 리더십과 솔선수범으로 인성교육이 뿌리내리도록 힘을 모아야 합니다.

당연히 가정과 학교의 협력 시스템 또한 구축되어야 합니다. 가정은 최초의 인성학교입니다. 따라서 부모는 최초의 인성교사인 것입니다. 그렇다면 교사로서의 자격을 갖추는 것이 필수입니다. 무자격 교사에게 교육을 맡길 수는 없겠지요? 그래서 부모가 먼저 배우고 알아야 하는 것입니다. 부모니까 당연히 가르칠 수 있다고 과신해서는 안 됩니다. 바람직한 인성교육을 위해서는 가정에서 출발해 학교에서 체계화되고 국가에서 지원하는 통합적이고 유기적인 시스템이 작동해야 합니다. 이에 따라 각급 학교와 정부에서는 우선적으로 학부모를 대상으로 인성교육의 기회를 제공할 필요가 있습니다. 제가 부모 리더십 강의를 하고 있는 이유도 이것과 연관이 있습니다. 부모가 변하지 않고 제대로 인식하지 못하면 인성교육은 제대로 이루어질 수 없기 때문입니다.

그래도 희망적인 것은 여러 학교에서 자체적으로 학부모 교육에 힘쓰는 모습을 보이고, 지자체 단위로 교육청 지원하에 지역 주민을 대상으로 부모 교육을 상시적으로 운영하는 곳이 늘고 있다는 것입니다. 대표적인 사례로 대구시 교육청을 꼽을 수 있습니다.

대구시 교육청은 학부모 역량개발센터를 통해 상시적으로 유치원부터 고등학교에 이르기까지 연령별로 학부모 교육 프로그램을 운영하고 있습니다. 본 센터를 중심으로 학부모를 위한 자녀교육 역량 강화 5대 추진 전략을 수립하여 학교와 학부모 간의 소통을 활성화하고 협력교육 문화의 조성을 목표로 하고 있습니다. 이에 따라 다양한 강사진을 선발해 연령에 맞는 주제를 통해 학부모를 지원하고, 자녀 교육에 필요한 정보를 제공하며, 학부모 상담을 연계해 문제해결 중심으로 활발히 전개해나가고 있습니다.

미국의 경우에는 학교와 학부모 간의 긴밀하고 일관성 있는 인성교육 파트너십을 강화하기 위한 도덕협약moral compact을 체결하기도 합니다. 이런 노력으로 학생들은 인성교육과 관련해 일관된 메시지를 받을 수 있는 것입니다. 일부 학부모의 경우 자신의 자녀 문제로 학교를 찾아가서 교사에게 행패에 가까운 행동을 보이기도 하는데 이는 결코 자녀 교육에 있어서도 옳지 않은 일이고, 결국 부모 스스로 인성교육을 망치는 역효과를 초래할 뿐입니다.

인성교육과 인문학의 공통분모, 인간다움

요즘 사회 전반에 걸쳐 인문학의 중요성을 강조하는 목소리가 높아지고 있습니다. 학업 성적과 취업에 집중하면서 놓치고 있는 부분에 대한 성찰을 통해 인문학의 필요성이 대두된 것입니다. 오늘날 미래 인재 양성을 위한 교육의 방향과 기업에서 직원을 선발하는 기준으로 창의성과 공감 능력을 강조하는 트렌드에 비춰볼 때 인문학적 소양을 쌓는 일은 필수라고까지 말할 수 있습니다.

인문학을 어렵고 현실과 동떨어진 고리타분한 것으로 생각하기도 합니다. 그러나 그것은 오해입니다. 인문학은 말 그대로 인간을 이해하는 학문입니다. 인문학은 휴머니즘을 내포합니다. 인간에 대한 기본적인 이해 없이 자기 자신을 알 수는 없는 것이고, 타인과의 공감과 소통 및 협업 또한 불가능한 것입니다. 그래서 문학을 통해 저자의 사상과 등장인물의 삶의 모습을 통찰하고 공감하는 것이며, 역사를 통해 과거의 지혜를 배우고, 철학을 통해 인생을 관통하는 본질적인 원리를 배우는 것입니다. 인문학의 3대 분야인 문학, 역사, 철학이 그래서 필요한 것입니다.

인문학과 인성교육의 공통분모로서 '인간다움'의 영역을 다루기 위한 인문학적 접근은 적절성과 유용성 측면에서도 매우 중요한 요소입니다. 따라서 초등학교 때부터 인문학을 자주 접할 수 있는 기회를 만들고, 시대와 동떨어진 난해한 분야가 아니라고 인식할 수 있도록 다양하고 시의성을 살린 인문학의 장을 많이 만들어야 합니다. 이러한 인문학적 접근으로 아이들에게 이상적인 인간다움에 대한 호기심과 공감을 확대할 기회를 제공하여 자발적으로 도덕적 가치관과 성품을 함양하는 계기를 만드는 것이 앞으로의 중요한 과제입니다.

학교와 지역사회의 자원을 최대한 활용해 자연스럽게 접근할 전략과 프로그램을 개발하는 것이 무엇보다 시급한 일입니다. 요즘 많이 시도하고 있는 선배와의 대화와 스토리텔링 기법을 활용한 인문학적 접근도 좋은 방법입니다. 또 사회 구석구석에 드러나지 않게 존재하는 미담과 성공 사례 발굴을 통해 아이들에게 인문학적 시각으로 분석할 계기를 만들어 주는 것도 현실적인 방법이 되겠습니다. 여기에 매스컴의 긍정적인 역할이 더해지면 금상첨화가 될 것입니다.

스마트폰의 보급으로 연령에 관계없이 수많은 사건 사고가 여과 없이 퍼지고 있는 현실에서 아이들이 보다 긍정적인 시각으로 감성과 덕성에 유익한 사회 현상을 접하도록 영향력을 행사하는 것은 언론의 책임입니다. 매스컴에 대한 아이들의 신뢰도와 접촉의 용이성을 감안한다면 매스컴은 언론 고유의 사명에 충실하면서도 인성교육의 현장성을 살려 아이들이 사회를 냉소적이고 비관적으로 보지 않도록 계도하고 방향을 잡아주는 훌륭한 인성교사가 될 것입니다.

긍정심리학의 창시자이자 행복에 관한 대가로 알려진 마틴 셀리그만은 행복의 원천으로 다음의 세 가지를 제시하고 있습니다. 첫째, 좋은 인성을 통해 최선의 사람이 되는 것. 둘째, 타인과의 좋은 관계를 유지하는 것. 셋째, 타인과의 공동체에 공헌하는 것. 셀리그만이 제시한 내용을 보면 인간이 궁극적으로 행복을 추구하는 목적을 단순한 자기 쾌락 추구로 연결해서는 안 된다는 점을 발견할 수 있습니다.

요즘처럼 아이들이 행복해지기 위해 물질적인 풍요와 자기 쾌락적인 환경에만 초점을 맞추며 살아간다면 소중한 자신의 원래 모습을 잘 다듬어 가면서 사회 공동체와의 건강한 관계 형성을 도모해야 하는 당위성 따위는 신경 쓸 여력이 없어질 것입니다. 그래서 인성교육이야말로 진정한 행복의 길을 열어가는 지침이 되는 것입니다. 공자가 배움을 강조하고 평생에 걸쳐 설파한 학문의 기본은 결국 자신을 수양하고 타인을 배려하는 태도를 갖추는 것이었습니다. 이것이 바로 인성교육이 아니고 무엇이겠습니까?

인간을 가장
인간답게 만드는 교육

　심리치료계의 3대 거장 중 한 명인 알 페소 박사는, 아이들은 어른에게 다섯 가지를 받아야 건강하게 성장한다고 말했습니다. '보금자리, 보호, 양육, 지지, 지도'가 그것입니다. 이 가운데 어느 하나라도 제대로 공급받지 못하면 정상적으로 성장하지 못한다는 것입니다. 여러분은 어떻습니까? 아이들에게 이 다섯 가지를 전부 제대로 공급하고 계신가요? 밥만 먹여준다고 양육의 의무를 다했다고 할 수는 없습니다. 올바로 지도하지 못한 채 학교와 학원만 보낸다고 제대로 된 양육을 하는 것이 아님을 다시 한 번 되새겨보아야 합니다. 하드웨어적인 공급과 소프트웨어적인 공급의 균형과 타이밍이 중요한 것입니다.

　문제 행동을 하는 아이들은 일차적으로 가정환경에 문제가 있습니다. 그리고 사회 환경의 문제가 원인이 되기도 합니다. 그러니까 문제를 일으킨다면 아이만 다그칠 것이 아니라 아이의 주변 환경을 먼저 점검해야 합니다. 그 환경에는 당연히 부모가 포함되고, 교사가 포함되겠죠. 특히 유아기 때 제대로 애착관계를 형성하도록 환경을 조성해주고 양육했는지가 중요합니다.

포괄적, 장기적, 지속적으로 접근하라

요즘 아이들 중에는 애착관계 형성이 제대로 되지 않아서 문제아가 된 경우가 굉장히 많습니다. 애착관계 형성이 제대로 되지 않은 아이들은 폭력과 성 범죄를 저지르게 됩니다. 부모와의 건강한 애착관계가 형성되어 있지 않기 때문에 다른 돌파구를 찾는 것입니다. 그런데 애착관계에 꼭 부모만 영향을 미치는 것은 아닙니다. 누구든 아이에게 진심 어린 지지와 사랑을 보내주기만 하면 됩니다. 따라서 편부모 가정이나 조손 가정이라고 해서 무조건 애착관계 형성이 안 되는 환경이라고 할 수는 없습니다.

유아기 때 애착관계 형성이 제대로 안 되었다고 포기하기에는 이릅니다. 청소년기에 회복할 기회가 있기 때문입니다. 청소년기는 여전히 뇌가 발달하고 있는 시기이고, 도화지에 다시 그림을 그릴 시간이 충분히 있는 시기입니다. 아니, 반드시 다시 그려야 할 때입니다. 그런데 이 시기에는 학교에서 가장 많은 시간을 보내게 됩니다. 그래서 학교에서의 인성교육이 중요한 것이고, 교사의 인성교육에 대한 가치관 확립과 노력이 중요한 것입니다.

　사랑을 책으로만 배웠다고 말하는 사람들이 있습니다. 이는 요리를 책으로만 배웠다고 말하는 것과 마찬가지입니다. 책으로만 배웠다는 것은 즉 현실성이 떨어진다는 것입니다. 실천하기엔 어딘가 부족하다는 의미입니다. 인성도 책으로만 가르쳐서는 안 됩니다. 부모와 교사가 삶 속에서 가르쳐야 합니다.

　아는 것이 능력이 아니라 할 수 있는 것이 능력입니다. 인성에서 요구하는 가치관과 정서를 그저 알고 있는 것만으로는 부족합니다. 행동으로 실천하는 인성이 필요합니다. 부모와 교사가 먼저 이런 인성교육의 속성과 방향성을 인식하는 것이 전제되어야 인성교육을 시작할 수 있습니다.

　인성에도 양극화 현상이 있습니다. 하나의 인성을 갖춘 아이일수록 다른 인성 요소를 체득하기가 훨씬 쉽습니다. 그래서 점점 더 많은 인성 요소를 갖추게 됩니다. 반면 인성 요소를 하나도 갖추지 못한 아이는 다른 인성 요소를 갖추기도 어렵습니다. 즉, 하나를 잘하면 다른 것도 잘할 가능성이 높은 이치와 같습니다. 기초 체력이 좋은 아이가 지구력이 좋고, 지구력이 좋은 아이는 더 오래 집중할 수 있는 것과 마찬가지입니다. 산만한 아이는 경청을 못하고 제대로 듣지 않으니 이해력이 떨어지는 악순환이 생기는 것이지요. 그래서 인성교육도 하나씩 차근차근 세워나가면 시간이 갈수록 탄력이 붙어서 훨씬 수월해지는 것입니다. 이것이 바로 부모와 교사의 인성교육에 대한 지혜와 전략적 방법이 중요한 이유입니다.

　인성교육은 단편적인 접근이나 일회성 교육으로는 효과를 기대하기 어렵습니다. 포괄적인 시각에서 장기적이고 지속적으로 접근하는 자세가 필요합니다. 그래서 학교 교육 전반에 걸쳐 적용할 필요가 있습니다. 인성교육을 특정 과목에 편중시켜 실시해서는 안 됩니다. 체육시간에 운동 경기를 체험하면서 배려와 인내를 배우게 하고, 국어시간에 문학작품을 통해 주인공의 인성을 살펴보게 하며, 수학시간에 모둠 활동을 통해 문제 풀이의 다양성을 체험하면서 소통하는 방법을 가르치는 식으로 모든 과목에서 적용할 수 있습니다. 본래 인성교육은 우리나라의 전통적인 지덕체智德體가 조화를 이루도록 육성하는 것을 목적으로 하기 때문입니다. 이것은 아리스토텔레스가 인성이란 '자기 자신과의 관계 및 타인과의 관계에서 바르고 옳은 행동을 하며 살도록 하는 것'이라고 말한 것과 일맥상통하는 교육방법이라고 할 수 있습니다.

인성교육의 주제와 방법도 매우 다양하므로 이를 인식하고 개발하여 활용해야 합니다. 가장 기본적인 교수법으로는 특정 주제에 관한 사례나 자료를 갖고 가르치는 방법이 있습니다. 여기에 더해 학생들이 스스로 찾아보고 토론하여 발표하면서 체득할 기회를 제공하는 것도 필요합니다. 그리고 개인별 학습과 협동 학습 방법을 골고루 활용하여 학습 과정에서 스스로 느끼도록 하는 것이 중요합니다. 이렇게 다양한 접근법을 통해 현행 교육과정에 제시되어 있는 학습 주제 가운데 인권, 국가관, 다문화, 환경, 민주시민, 양성평등, 경로, 윤리 등의 폭넓은 주제로 확대하여 인성교육과 연계해볼 수도 있습니다. 때에 따라서는 학교와 지역사회 및 시민단체, 그리고 정부가 연합하여 인성교육 프로젝트를 시행하는 방안도 가능할 것입니다.

**인성교육은
교육의 핵심이고 필수다**
|

미국의 경우 '인성교육 파트너십Character Education Partnership; CEP'이라는 국가 차원의 인성교육 지원기관에서 다양한 프로그램을 개발해 초·중등학교에 보급하고 있습니다. 이 기관은 인성교육을 보다 효과적으로 시행하기 위한 비영리, 탈종교, 탈정치적인 개인과 기관의 연합체입니다. 이와 같은 기관의 지원으로 많은 교사들은 양질의 인성교육 프로그램을 접할 수 있고, 교사로서의 역할에 충실할 수 있는 것입니다.

미국의 CEP에서 진행하는 프로그램들은 몇 가지 원칙을 갖고 있습니다. 예를 들면 인성은 사고, 감정, 행동을 포함하도록 포괄적으로 정의할 것, 상호 배려하는 공동체를 조성할 것, 학생들에게 도덕적 행동의 기회를 줄 것, 교직원 전체는 인성교육의 책임감을 공유하고 먼저 솔선하여 모범을 보일 것, 가족과 공동체 구성원들을 인성교육에 참여시킬 것, 정기적으로 학생·환경·교직원의 역할을 점검할 것 등의 원칙을 갖고 있습니다. 우리나라의 교육 현실을 감안하면 우리에게도 매우 절실한 기관이고 역할이라고 할 수 있습니다.

실제로 우리나라의 교육 공동체 해체 현상은 이미 심각한 수준입니다. 교사는 교사대로 사명감이나 소속감, 책임감을 잃어가고 있고 교권 또한 위협받고 있는 상황에서 교사의 사기가 땅에 떨어진 지는 이미 오래되었습니다. 학생들은 학생들대로 학교에 적응하지 못하고 방황하는 일이 많아지고 있고, 면학 분위기가 저하되어 학습권도 위협받고 있는 상황입니다. 학생과 교사의 신뢰도 무너져 교육적 훈계나 사소한 체벌만으로도 이제는 즉각 공권력에 신고가 들어가는 분위기가 되어 교육적 정서와는 거리가 먼 일들이 흔히 벌어지고 있습니다. 교육제도와 입시제도의 잦은 변화 속에서 교육정책에 대한 부정적 인식은 점점 커지고 있으며, 사교육과 공교육의 혼재로 교육현장의 혼란은 가중되어가는 형편입니다.

여러 가지 어려움 속에서도 학교와 가정의 인성교육을 통해 건강하고 바람직한 민주시민을 양성하고 사회의 격을 높이려는 노력이 절실한 때입니다. 따라서 다음의 몇 가지 목적을 분명히 하면서 인성교육에 시동을 걸어야 합니다.

인성교육을 위해서는 먼저 자아 존중감을 키워주고, 공동체 의식과 타인을 존중하는 태도를 길러주어야 합니다. 또한 자율성과 책임의식을 길러주어야 하며, 부모와 교사에 대한 유대감도 강화해야 합니다. 끝으로 공정성과 평등의식을 길러야 합니다. 이런 목적의식을 가진 인성교육이야말로 루소가 말한 '자연으로 돌아간 인간 본연의 심성을 되찾는 길'이 되지 않겠습니까? 여기에 학교장의 인성교육 리더십이 발휘되고, 교사의 인성교육에 대한 책임감과 학생들과의 공감대 형성이 더해져 범 교과의 원리에 따라 지속적으로 시행된다면 분명히 우리 아이들의 인성은 좋아질 것입니다. 이는 우리나라가 미래사회를 행복하게 살아갈 원동력이 되며, 우리의 다음 세대가 인간답게 살 수 있는 초석이 될 것입니다.

인성교육은 특별활동도 아니고, 부차적인 교육도 아닙니다. 국·영·수에 밀려서 하는 시늉만 내서도 안 됩니다. 교사가 하는 시늉만 내면 학생들도 시늉만 낼 것입니다. 교사가 귀찮아하면 학생들은 더더욱 귀찮아할 것입니다. 입시를 위한 수업시간 배정으로 고민할 것이 아니라 입시과목 때문에 인성교육을 제대로 하지 못하는 것을 고민해야 합니다. 인성교육은 아이들을 위한 교육의 핵심이고 필수입니다.

어른들에 대한 신뢰가
정직한 아이를 만든다
(정직)

심리학자 에릭슨은 '인간의 발달단계 이론'을 정리한 학자로 유명합니다. 인간은 일생을 살면서 겪는 주요 과제나 위기를 중심으로 연령대별 성격이 발달하는데 그게 잘 안 되면 그 반대의 성격이 발달하게 되며 다음 단계의 성격 발달에까지 영향을 미치게 된다는 것입니다. 그 단계별 구분을 살펴보면 다음과 같습니다.

1 **구강기**: 출생 후 1년까지(신뢰 vs 불신)

2 **항문기**: 3세까지(자율성 vs 수치, 의심)

3 **남근기**: 6세까지(책임감 vs 죄책감)

4 **잠복기**: 12세까지(근면성 vs 열등감)

5 **청소년기**: 20세까지(자아정체감 vs 역할 혼미)

6 **성인 초기**: 40세까지(친밀감 vs 고립감)

7 **장년기:** 65세까지(생산성 vs 자기침체)

8 **노년기:** 65세 이후(자아통합 vs 절망)

보시는 바와 같이 태어나서 최초 1년 동안 부모나 양육자가 얼마나 적절하게 아이의 욕구를 충족시켜주었는지에 따라, 얼마나 일관성 있는 보살핌을 제공했는지에 따라 신뢰감을 형성하거나 반대로 불신감을 갖게 되기도 합니다.

아이가 최초로 형성된 신뢰감에 따라 세상을 바라보는 관점에 영향을 받게 되므로 부모나 양육자의 태도는 한 인간의 삶의 방식에 지대한 영향을 미친다고 할 수 있습니다. 아이가 배고파서 우는데 엄마는 자꾸 재우려고 업어준다면 아이는 신뢰감을 형성할 수 없을 것입니다. 따라서 이 시기의 아이에게 신뢰감을 제대로 형성해주려면 즉시, 올바로 응대하는 모습을 보여주어야 합니다. 아이가 신호를 보내고 있는데도 다른 일 때문에 지체한다든지 엉뚱한 반응을 보인다면 아이는 머릿속에 세상이란 믿을 만한 곳이 못 된다고 입력할 것입니다. 그러면 세상과 타인에 대해 불신을 갖게 되고 인간관계에 부정적인 영향을 미치게 됩니다.

**인재人災도
인성 문제다**
|

인간의 생애 주기 가운데 가장 먼저 형성되는 것이 '신뢰'인데, 이 신뢰는 '정직'과 직결됩니다. 아이들에게 정직이라는 인성을 길러주지 않으면 자신도 믿지 못하고,

타인은 더더욱 믿지 못하여 불안한 생활이 이어질 수밖에 없습니다.

"Honesty is the best policy." 정직이 최선의 정책이다. 중학교 때 외운 영어 문장입니다. 수십 년이 지났는데도 여전히 머릿속에 남아 있는 말입니다. 당시에는 그저 문법을 공부하느라 외운 문장이었기에 그 의미가 크게 와 닿지 않았었는데 인생을 살면서 점점 그 의미가 마음에 와 닿습니다. 옛날이나 지금이나 정직하면 손해 본다는 통념이 있지만 결국 정직한 삶이 행복을 안겨준다는 것을 알게 됩니다. 정직이란 진실 되고 거짓 없이 행동하는 것입니다.

아이들 세계에서도 정직에 대한 인식은 그리 단순하지 않습니다. 요즘 아이들의 현실에 대한 인식과 세상을 바라보는 시선은 어른 뺨칠 정도입니다. 앞에서 언급했듯이 우리나라 중학생의 인성 수준 조사에서 가장 낮은 점수를 받은 항목은 바로 정직이었습니다. 80점 이상을 양호한 수준으로 보는데 겨우 61점에 그치는 것으로 나타났습니다. 정직을 기반으로 하지 않으면 신뢰가 형성되지 않고, 신뢰가 없으면 좋은 인간관계는 물 건너가는 것인데 아이들은 정직하면 손해라고 생각하면서 살아가고 있으니 어떻게 하면 좋을까요? 이 문제를 바로잡지 않고서는 정의와 공정을 말할 수가 없고, 자유와 민주시민은 불가능한 것인데 어찌하면 좋을까요?

"아이는 부모의 거울"이라는 말은 이럴 때 쓰는 말인가 봅니다. 어른들의 행동이 아이들에게 거짓을 가르쳤던 것입니다. 매스컴과 드라마, 영화 속의 이야기를 통해 아이들은 정직이 최선이 아니라고 피부로 느끼는 것입니다. 정직보다는 성적이 중요하고 결과가 중요하다고 세상을 통해 이미 배운 것입니다. 주위에서 눈치 채지만 못한다면 약간의 속임수는 인생의 윤활유 같은 것이고, 그것이 하나의 융통성이라고 배운 것입니다. 어느 정도의 부정과 불의는 이미 당연한 것이라고 생각합니다. 누구나 그렇다고 합리화합니다. 대다수가 그렇게 한다면 그것은 이미 암묵적인 사회 규범의 성격을 띤다고 보는 것입니다.

엄청난 인명 피해를 낸 대형사고 뒤에는 반드시 인재人災라는 말이 따라옵니다. 정해진 규격이나 품질의 자재를 사용하지 않았거나 정해진 수량만큼의 자재를 투입하지 않은 결과입니다. 정해진 공법대로 시공하지 않았거나 정해진 규정을 지키지 않아서 생긴 결과입니다. 작업을 진행한 사람이나 작업을 관리하고 감독하는 사람이나 이 정도쯤이야 하는 마음으로 지나쳐서 생긴 결과인 것입니다. 작년에 대만에서 건물 붕괴 사고로 많은 사상자를 낸 일이 있었습니다. 이때 무너진 건물 잔해들의 시멘트 벽 속에 깡통이 들어 있는 사진은 보는 사람을 경악하게 만들었습니다. 철근이 들어 있어야 할 자리에 깡통이 들어가 있었던 이유는 무엇일까요?

지나친 정직은 오히려 독이 된다

아이들이 정직하게 행동하지 않는 이유는 여러 가지로 분석할 수 있습니다. 그중 특히 부모의 양육 방식에 영향을 받는 경우가 많습니다. 즉, 평소에 부모에게 충분히 사랑받지 못하고 존중받지 못한 경험이 쌓이면 거짓말을 하게 됩니다. 자신의 의도나 생각이 그대로 인정받지 못한다는 불신과 거절에 대한 두려움이 거짓을 낳는 것입니다. 혹은 지나치게 통제적인 환경에서 자랄 경우에도 정직하기 힘듭니다. 자신의 감정과 욕구가 무시당하는 분위기 속에서 거짓말로 그 상황을 넘기려 하기 때문입니다. 부모의 기대가 과도하거나 부모 사이가 나쁜 가정의 경우 인정의 욕구와 버림받지 않으려는 심리적 작용으로 거짓말을 하기도 합니다.

정직에 대한 과도한 스트레스도 부작용을 일으킬 수 있습니다. 정직이 중요한 이유는 타인과 건강한 신뢰관계를 형성할 수 있고, 공정한 사회공동체 문화를 만들 수 있기 때문인데 오히려 지나치게 정직한 태도로 다른 사람들이 불편함을 느끼거나 관계에 문제가 생긴다면 이것은 하나의 부작용이라고 할 수 있습니다. 지나치게 정직에 집착하다가 상황의 본질을 놓치고 상대방을 곤란하게 만드는 것과 같은 일을 말하는 것입니다.

정직함이 곧 절대로 타인과 타협하지 않는 것이라는 인식도 위험합니다. 정직을 위해서는 어떤 일이 있어도 자신의 생각대로만 해야 한다고 여겨서도 안 됩니다. 이웃집에 사는 친구가 자기 동생을 가리키며 귀엽지 않느냐고 물었을 때 "너무 돼지 같아서 별로"라고 대답해 상처를 주는 것이 정직은 아닙니다. 상황과 관계를 고려해가며 거짓은 아니지만 다른 표현을 생각할 수 있어야 합니다.

모로 가도 서울만 가면 된다?

지금 당장 돈이 없어서 굶고 있는 상황인데 길에서 지갑을 줍는다면 어떻게 하겠습니까? 실제로 체코에서 이런 실험을 해봤습니다. 길에서 노숙인 앞에 지갑을 떨어뜨리고 지나가는 실험이었습니다.

첫 번째 실험에서 노숙인은 지갑을 몰래 챙겼습니다. 두 번째 실험에서도 역시 지갑을 챙겼습니다. 5일 동안 계속된 실험에서 단 한 명도 지갑을 돌려주지 않았습니다. 누구도 정직하게 지갑을 돌려주는 사람이 없다고 결론을 내리려는 시점에 한 사람의 노숙인이 지갑을 돌려주었습니다. 지갑이 떨어지자 지나가는 주인을 불러 세워 돌려준 첫 번째 사람이었습니다. 지갑을 돌려주면서 그 노숙인은 배가 고픈데 돈이 없으니 잔돈이라도 조금 줄 수 없겠느냐고 주인에게 물었습니다. 그러자 지갑 주인은 실험 상황이었음을 설명하고는 배가 고픈데도 지갑을 돌려준 첫 번째 사람이었다는 것을 알려주면서 우리나라 돈으로 100만 원에 해당하는 돈을 주었습니다. 노숙인은 평생 이런 행운은 처음이라며 울먹였습니다. 실험에 참여한 지갑 주인은 오히려 정직한 사람을 만나게 해주어 고맙다며 인사를 하고 사라졌습니다.

"모로 가도 서울만 가면 된다"는 말이 있습니다. 방법이야 어찌 되었든 목적만 달성하면 된다는 것으로 해석하면 위험하겠지요? 목적을 달성하기 위해서는 다양한 방법을 사용해봐야 한다고 해석하는 것이 좋을 듯합니다. 우리 아이들에게는 조금 느리게 가더라도 정직하게 가야 한다는 원칙을 가르쳐야 합니다. 인생을 너무 조급하게 생각하면 기다리지 못하고 부정을 저질러서라도 성과를 내야 한다고 생각하게 됩니다. 이를 방지하기 위해서는 어른들이 나중에 후회할 일은 하지 않는 게 좋다는 것을 알려주어야 합니다.

　인도에서 있었던 일입니다. 속옷만 입은 청년 천여 명이 들판에 앉아 있었는데, 집단적으로 벌을 서고 있는 것이 아니었습니다. 군대에 입대하기 위한 시험을 치르는 것이었습니다. 인도에서는 컨닝을 하도 심하게 해서 할 수 없이 옷을 몽땅 벗겨서 야외에서 시험을 치르도록 하는 일까지 생긴 것입니다. 그리고 어느 학교 벽면에 수십 명의 사람이 기어오르는 사진이 보도된 적도 있습니다. 이 역시 인도에서 있었던 일입니다. 상황인즉 학교에서 시험을 치르고 있는 자녀들에게 컨닝 쪽지를 전달하기 위해 부모들이 학교 벽을 기어오르고 있는 것이 카메라에 포착되어 해외에까지 알려진 어처구니없는 사건이었습니다. 온 마을이 합심하여 아이들을 망치고 있는 것은 아닌가 싶었습니다.

　정직하기 힘든 사회 구조를 비난하고 탓하기보다는 우리 스스로 먼저 정직하게 살아가는 모습을 가져야 할 것입니다. 한 보도에 따르면 인성교육의 덕목으로 가장 우선해야 할 덕목이 '정직'이라고 대답한 학부모들이 가장 많았다는 사실은 시사하는 바가 큽니다. 이제 바르고正 곧은直 인성을 아이들에게 되찾아주기 위해 온 마을 사람들이 노력을 아끼지 않아야 할 때입니다.

자유에는 책임이,
책임에는 용기가 필요하다
(책임)

　세월호 참사 2주년이 지났지만 아직도 우리의 가슴속에는 당시의 참상이 먹먹하게 남아 있습니다. 목숨에 귀천이 어디 있겠습니까? 그럼에도 꽃다운 고등학생들이 어른들의 무책임한 행동으로 인해 목숨을 잃었다는 사실은 우리의 가슴을 더욱 아프게 합니다. 아마도 국가적으로 인성교육의 필요성이 대두된 가장 큰 이유도 바로 세월호 참사 때문이 아닌가 싶습니다. 세월호는 문자 그대로 총체적인 부실 덩어리였습니다. 국민 모두가 자신의 위치에서 각자의 책임에 충실했다면 그런 참사는 막을 수 있었을 것입니다.

　더욱 안타까운 것은 2009년에 세월호 운항의 주체인 청해진 해운이 국토해양부 선정 고객만족 대상을 카페리 부문에서 받았다는 사실입니다. 어떤 영역에서 심사를 통해 상을 줄 때에는 이권이 개입되거나 편파적인 심사를 해서는 안 됩니다. 공정하고 꼼꼼한 심사가 이루어져야 합니다. 그런데 친절도 관련 항목만 평가해서 고객만족 대상을 수여했습니다. 안전 관련 항목은 평가에서 완전히 누락되었습니다. 이렇듯 자신의 분야에서 무책임하게 일하는 사람들이 우리 사회 곳곳에 일상적으로 포진해 있다면 세월호 참사와 같은 일이 또 일어날 수밖에 없을 것입니다.

나중에 밝혀진 일이지만 선체를 개조하여 더 많은 승객을 수용하도록 한 것도 불법이었습니다. 배에 화물과 차를 싣고 결박하는 방법도 규정을 지키지 않았습니다. 심지어 항해의 생명과도 같은 평형수도 기준에 한참이나 미달되는 상태였습니다.

사고가 발생하자 선장과 선원들의 대부분은 자신의 책임을 망각하고 해서는 안 되는 행동을 했습니다. 해양경찰의 위기대응시스템도, 아니 해경의 현장대응팀 구성 자체도 상식적으로 이해할 수 없는 부분이 너무도 많았습니다. 이 모두 책임이 문제입니다. 업무의 경중을 떠나 자신의 맡은 바 소임을 다하려는 책임감 있는 자세가 부재한 가운데 우리의 소중한 아이들은 희생되고 말았습니다. 너무도 많은 사람들이 자신의 역할과 책임에서 눈을 돌렸다는 사실에 안타까울 따름입니다.

책임은 정의를 만드는 원동력이다

요즘 들어 유명 기업 오너들의 갑질 논란이 뉴스에 자주 등장하고 있습니다. 자신의 운전기사에게 인격적인 모욕을 주거나 상식 이하의 행동을 일삼다가 논란이 되어 언론의 주목을 받은 사건만도 이미 여러 건입니다.

결국 그 오너들의 사건은 공개적으로 사과를 하면서 일단락되었지만 여전히 국민들의 감정에는 찜찜한 부분이 남아 있습니다. 이런 일들도 결국은 기업가로서의 책임감에 소홀한 결과입니다. 기업의 사회적인 책임을 외면하고 자신의 권력에만 집중했던, 잘못된 행동의 결과인 것입니다.

책임은 정의를 만드는 원동력입니다. 사회 각 분야에서 누군가가 책임을 다하지 않는다면 정의는 실현되지 않습니다. 책임감을 가질 필요를 못 느끼는 사람들이 늘어나면 꼼수와 요행만을 노리는 일이 빈번해질 것입니다. 이런 일은 우리 모두에게 손해를 안겨줍니다. 책임이 사라지고 운 좋은 사람만 좋은 결과를 얻게 되는 사회는 서로에 대한 믿음을 상실하게 되며, 규정을 지키려는 노력 또한 사라지게 됩니다. 나만 아니면 된다는 생각이 팽배해지고 지극히 이기주의적인 행동이 만연한 사회가 되는 것입니다.

모든 책임에는 용기가 필요합니다. 용기 없이는 책임을 다할 수가 없습니다. 용기는 있는 그대로를 받아들이는 마음에서 시작합니다. 자신에게 유리하든 불리하든 있는 그대로를 인정하는 마음을 가져야 책임감이 발휘됩니다. 특히 자신에게 불리한 상황이 되거나 자신의 잘못이 드러나는 상황에서도 그것을 받아들이고 인정해야 책임감 있는 사람이 될 수 있습니다.

용서를 구하고 사과할 줄 아는 용기야말로 진정한 책임감의 밑바탕이 됩니다. 진심으로 사과하고 용서를 구하면 사람들은 의외로 쉽게 받아줍니다. 하지만 사과를 하지 않고 변명으로 무마시키려 하거나 진정성 없이 사과하고 용서를 구하는 사람은 다른 이의 마음을 얻기 힘들 수밖에 없습니다. 사과할 수 있는 용기를 가진 사람이야말로 진정으로 책임감 있는 사람입니다. 책임이란 올바로 반응-responsible할 수 있는 능력ability입니다. 어떤 상황에서든 올바르고 솔직하게 행동하는 것이 책임입니다. 용기를 가지고 잘못한 일에 대해 사과와 용서를 구하는 것이 진정한 책임인 것입니다.

자신의 언행에 대해 사과할 수 있는 용기를 갖추어 책임감 있는 아이로 키운다는 것은 사회의 정의를 세운다는 의미에서 매우 중요한 일입니다. 그런데 부모나 교사가 먼저 사과하는 용기를 보여주지 못한다면 아이들에게 책임감에 대해 말할 자격이 없어집니다. 어느 것 하나 솔선수범하지 않고 아이들을 올바로 가르치기는 어렵지만 특히 책임에 대해서는 어른들의 실천이 필수입니다. 자신의 이익을 위해서가 아니라 사회 공동체의 공정함과 정의를 위해 실수나 잘못에 대해 사과할 줄 아는 모습을 보여주어야 합니다. 그 과정에서 사과하는 방법도 터득하게끔 해야 하는 것입니다. 뉴스에 나오는 기업의 오너들이 사과를 하고도 질타를 받은 것은 사과를 제대로 하지 않았기 때문입니다.

사과를 할 때 가장 중요한 것은 타이밍입니다. 사과의 골든타임을 놓치면 그만큼 효과가 떨어집니다. 마지못해 억지로 한다는 느낌을 주기 때문입니다. 그렇게 되면 당연히 진정성을 의심받게 됩니다. 형식적으로 사과하는 시늉만 하는 것으로 비춰진다면 그 효과는 없어집니다.

사과는 가능한 빨리 하는 것이 좋습니다. 나중으로 미루거나 상황을 지켜보는 것은 옳지 않습니다. 일이 터지면 바로 사과하는 것이 중요합니다. 그런 다음 잘못을 인정해야 합니다. 변명이나 어설픈 해명은 오히려 역효과만 초래합니다. 요즘 말로 쿨하게 인정하고 잘못을 시인하는 것이 훨씬 효과적입니다.

사과를 할 때에는 무엇보다 상대방의 감정에 공감하는 것이 중요합니다. 자신의 실수나 잘못으로 상대방이 겪었을 어려움이나 심적 불편함을 솔직하게 받아들이는 것입니다. 그리고 마지막으로 재발 방지를 약속하면 됩니다. 응분의 대가를 치르겠다고 하는 것도 좋습니다. 이렇게 사과는 즉시, 사실을 인정하고 상대방의 마음에 공감을 표하며, 재발 방지를 약속하는 것으로 이어질 때 진정성을 발휘합니다.

올바른 사과 방법을 인지하며 용기 내어 책임감 있는 삶을 살도록 가르쳐봅시다. 가정이나 학교에서 사과를 올바로 하지 않아서 발생했던 에피소드를 모아보고, 아이들과 함께 토론하며 개선 방법을 찾아보는 것도 좋은 교육 방법이 될 것입니다.

결정 장애와 가정에서의 책임감 훈련

책임은 선택의 상황에서도 중요합니다. 따라서 책임에 대해 교육하기 위해서는 선택에 대해서도 함께 다루어야 합니다. 인생은 선택의 연속입니다. 그래서 인생을 B와 D 사이의 C라고 표현하기도 합니다. '출생Birth부터 죽음Death 사이에서 선택Choice하는 것'이라는 의미입니다.

어린 시절부터 자신의 선택에 신중을 기하고, 선택한 일에 대한 결과를 수용하도록 가르치는 과정을 통해 책임을 배우게 됩니다. 그러기 위해서는 우선 아이들에게 선택할 수 있는 자율성을 주는 것이 중요합니다. 스스로 선택하는 것이 얼마나 쉽지 않은 일인지도 느끼게 해주고, 본인이 그 선택의 결과를 받아들이도록 함으로써 책임지는 삶을 가르치는 것입니다. 이렇게 선택에 자율성을 주고 결과에 책임지도록 가르치면 자연히 아이들의 책임감은 물론 창의력과 논리력도 길러지고 생각의 깊이 또한 달라집니다.

현대인들은 어른, 아이 구분할 것 없이 결정 장애를 안고 있습니다. 삶의 갈림길에서 무엇을 선택해야 할지 너무 많이 고민하면서 나타나는 현상입니다. 단순히 점심 메뉴를 선택할 때에도 너무 힘들어 합니다. 쇼핑을 갔다가 결국 선택하지 못하고 빈손으로 돌아오기도 합니다. 대학생들은 수강 신청에 어려움을 느끼기도 합니다. 그래서 부모가 대신 해주는 경우도 빈번히 일어나는 현실입니다. 자녀 주변을 빙빙 도는 소위 '헬리콥터맘'까지 생겼습니다. 어려서부터 무얼 먹을까, 무얼 입을까, 무얼 할까 등 일일이 엄마가 선택해주고 양육한 결과 아이들은 성인이 되어서도 자신의 선택에 어려움을 느끼기 일쑤입니다.

요즘은 결정할 일이 생기면 앱을 깔아두고 거기에 의지하는 사람도 있습니다. 이래서야 인공지능Artificial Intelligence; AI을 이길 수 있겠습니까? 선택의 여러 갈림길에서 결정을 내리지 못하고 뒤로 미루거나 누군가에게 결정을 맡겨버리는 햄릿 증후군에서 벗어날 수 있도록 우리 아이들에게 선택권을 돌려주어야 합니다. 그리고 마음에 들지 않는 결과라도 기꺼이 받아들여야 한다는 것을 가르치고 보여줘야 합니다. 그래야 남을 탓하는 나쁜 버릇을 버릴 수가 있습니다. 이것이 아이들에게 책임을 가르치는 원리입니다.

책임을 가르치는 손쉬운 방법으로 아이들에게 가정에서의 역할과 책임을 스스로 생각해보도록 하는 것도 좋습니다. 가족 구성원들의 역할을 정리해 각 역할별로 책임 범위에 어떤 것들이 들어 있는지 생각하고, 그 역할을 제대로 수행하지 않았을 때 발생할 일이나 다른 사람에게 미칠 영향들을 예상하도록 하는 것입니다. 그리고 올바른 선택을 하는 데 도움이 되는 원리를 이해시키는 것이 중요합니다. 가령 선택을 위해 먼저 가능한 선택지를 복수로 구분하도록 하는 것입니다. 그리고 선택에 따른 결과를 예상해 결정하도록 하는 것입니다. 이러한 과정을 통해 아이들은 자율적인 선택과 그에 따른 책임에 익숙해질 것입니다. 사회 여러 분야 혹은 역사 속의 인물 가운데 자신의 책임을 충실히 다함으로써 훌륭한 성과를 만들어낸 사례를 수집하여 공유한다면 아이들에게 동기부여도 되면서 훨씬 더 효과적인 학습이 될 것입니다.

다름을 인정하는 것,
존중의 시작이다
(존중)

최근 우리나라의 교육에서 가장 화두가 되는 것은 바로 '창의성'입니다. 아마도 세계적인 추세도 크게 다르지 않다고 봅니다. 이렇게 창의성이 중요시된 세상에서 한 가지 아이러니한 것은 동질성에 대한 애착 현상이 여전히 존재한다는 것입니다. 세계적으로 단일 민족임을 자랑하고 어디에서든 혈연, 지연, 학연, 심지어 군대까지 연줄을 강조하는 사회 현상은 예나 지금이나 크게 달라지지 않고 있습니다. 물론 이런 인식이 단순히 유대감이나 연대감에 그치면 상관없겠지만 실상은 그 이상으로 영향을 주기 때문에 문제가 되는 것입니다.

지나친 유대감은 팀워크를 이루는 데 그치지 않고 더 나아가 집단주의로 변질되어 배타성을 강화시킵니다. 배타성으로 똘똘 뭉친 사회나 조직은 결코 건강할 수 없습니다. 새로운 아이디어나 다양한 시도도 불가능해지고, 집단 이기주의가 될 가능성도 높아집니다. 다시 말해 그 집단에서 소외된 누군가는 왕따 같은 피해를 입게 됩니다. 이것은 곧 심각한 사회적 병폐입니다.

다름의 아름다움 다름다움

요즘은 학교에서도, 기업에서도 창의적 인재를 요구하고 있습니다. 창의적 역량만이 인공지능을 이길 수 있는 인간의 핵심 역량이 될 것입니다. 그런데 창의성의 기본인 다양성을 인정하지 못하고 동질성, 획일성을 고수한다는 것은 난센스입니다. 창의성의 밑바탕은 다양성이고, 다양성은 곧 상대방에 대한 존중에서 시작됩니다. 즉, 존중이란 다양성을 받아들이는 것입니다.

시골 이장 노릇도 최소 5개 국어는 해야 할 수 있는 시대라고 할 정도로 우리나라에는 이미 다양한 민족이 이주해 살고 있습니다. 교육부의 자료에 따르면 2015년 기준으로 우리나라 초·중·고교에 재학 중인 다문화 학생 수는 무려 8만 2천 명이 넘는다고 합니다. 2010년에 비해 5년 만에 세 배가 늘어난 것입니다. 이런 상황에서 아이들이 자신과 피부색이 다르다고, 한국말이 서툴다고, 문화와 풍습이 다르다고 다문화 가정의 아이들을 못살게 군다든지 차별을 한다면 성인이 되어서 오히려 문화적 다양성에 적응하지 못하고 글로벌 시대의 낙오자가 되기 쉽습니다. 이제 지구 전체가 한 마을인 지구촌 시대입니다. 말로는 글로벌화를 외치면서 정작 내 주변에 있는 다문화적 특성을 받아들이지 못한다는 것은 논리의 모순입니다.

존중이란 한마디로 다양성을 인정하는 것입니다. 나와 다름을 인정하고 그 특성에 주목하는 것입니다. 나와 다르다고 틀린 것이 아님을 인식해야 합니다. 그래야 패거리 주의에서 벗어나서 세상을 넓은 시각으로 바라볼 수 있습니다.

지난해 문화체육관광부 주최의 '문화 다양성 확산을 위한 무지개다리 지원사업'으로 김해 문화재단의 '다름다움' 프로젝트가 선정되었습니다. 얼마나 아름답고 창의적인 명칭인지 모르겠습니다. 다름의 아름다움, 다름다움. 이것이 바로 글로벌 시대를 살며 인공지능의 시대를 살아갈 우리 아이들이 새겨야 할 존중의 개념입니다.

용광로 이론 vs 샐러드 접시 이론

조선 건국 초기에 이방원과 정도전이 논쟁을 벌였습니다. 이방원은 조선을 건국한 이씨 가문이 왕을 이어가야 한다고 믿었습니다. 그리고 나라의 주인은 당연히 왕이라고 생각했습니다. 그때 정도전은 다음과 같이 말했습니다.

"왕이 된 이씨를 제외한 나머지 모든 사람들의 성씨를 합하면 무엇인지 아는가? 그것이 바로 백성百姓이라는 것이다."

신분의 귀천을 떠나 국민 모두의 소중함과 권리에 초점을 맞춘 것이었습니다. 그리고 인간 자체의 고귀함과 다양성을 인정하며 정치를 펼친 조선의 임금이 바로 세종이었습니다. 신분의 구분이 분명하던 그 시절에도 다양성을 인정하고 존중하던 사람들은 있었습니다. 하물며 21세기를 살아가는 우리들이 이런 존중의 의미를 왜곡하거나 오해한다면 이 사회는 퇴보하고 말 것입니다.

우리 아이들이 살아갈 미래사회에는 더 이상 획일적인 성과와 성적만으로 성공을 기대할 수 없을 것입니다. 경쟁이 치열하기는 하겠지만 그래도 자신의 독특한 역량과 개성을 무기로 얼마든지 기회를 만들어갈 수 있는 시대가 될 것임은 분명합니다. 최고가 되는 것도 중요하지만 독특한 사람이 되는 것, 나다움을 어필하고 강화하는 것이 더욱 중요해질 것입니다. 따라서 이제는 팀워크를 말할 때에도 단순히 일사불란한 통일성만을 강조해서는 안 됩니다. 다양성의 조화를 말해야 합니다. 각자의 역할과 책임을 바탕으로 다양한 모습을 연출하면서 조화를 이루는 것이 미래사회의 팀워크가 될 것입니다.

"타인의 가치를 인정하라. 그리하면 당신의 가치를 인정받을 수 있다"는 격언이 있습니다. 그리고 자신에 대한 존중이 도덕성을 만들고, 타인에 대한 존중이 매너를 만든다고 했습니다. 어쨌든 우리는 다양한 문화와 사람들이 어우러져서 하나의 새로운 사회를 만들고 이끌어가는 시대를 살고 있습니다. 그렇다면 다양성의 시대를 살아가는 우리의 자세는 어떠해야 할까요? 이론적으로는 두 가지 견해가 있습니다. 하나는 '용광로 이론'이고, 다른 하나는 '샐러드 접시 이론'입니다.

용광로 이론이란, 문자 그대로 여러 민족의 고유한 문화가 그 사회의 지배적인 문화에 영향을 받아서 동화되어 녹아드는 현상을 말합니다. 대표적인 나라가 중국입니다. 중국은 수많은 소수 민족이 있지만 인구 대부분을 차지하는 한족의 문화에 동화되어 한족을 중심으로 문화가 형성되어 있습니다.

반면 샐러드 접시 이론은 샐러드를 담은 커다란 접시처럼 각각의 문화가 고유의 특성을 간직하면서 전체적인 조화를 이루며 살아가는 현상을 말합니다. 미국처럼 여러 민족이 모여서 하나의 국가를 이루며 각 민족의 고유 언어와 문화를 상당 부분 유지하면서 살아가는 나라가 그 예입니다.

다양성의 한복판에 살고 있는 우리는 이제 더 이상 현실을 부정해서는 안 됩니다. 우리 모두 적극적으로 다양성의 문화를 인정하고 존중하는 자세가 필요합니다. 편견은 차별을 부르고, 차별은 갈등을 유발합니다. 인간애에 근거해 다양성을 인정하는 것, 즉 존중의 태도로 글로벌 시대를 창의적으로 살아가야 하는 것은 우리 아이들에게 주어진 과제입니다. 흔히 리더십도 존중의 리더십이 효과를 발휘한다고 합니다. 구성원을 존중하는 리더십이 아니면 조직을 이끄는 데 한계가 있을 수밖에 없는 것입니다.

편견을 버리고 다양성을 존중하자

과거의 우리 부모 세대들은 왼손잡이 아이를 굳이 오른손잡이로 키우려고 애쓰고 윽박지르기까지 했습니다. 정해진 사회의 틀 안에서만 아이를 키워야 한다고 믿었기 때문입니다. 우물 깊은 곳에서 하늘을 쳐다보면 우물의 크기만큼만 볼 수가 있습니다. 그만큼 편협한 시각으로 세상을 보게 되는 것입니다. 편협한 시각을 가진 사람만큼 위험한 사람도 없습니다. 세상을 자기가 보는 만큼만 알기 때문입니다.

우스갯소리로 "눈이 녹으면?"이라는 질문에 문과생은 봄이 온다고 답하고, 이과생은 물이 된다고 답한답니다. 정의라는 말을 들으면 문과생은 '正義 justice'를 생각하는데, 이과생은 '定義 definition'를 생각한답니다. 마찬가지로 염소라는 단어를 들으면 문과생은 '음매' 소리를 생각하고, 이과생은 Cl이라는 화학 기호를 생각한다고 합니다. 이렇게 편향된 사고는 위험한 법입니다. 통섭과 융합의 글로벌 시대를 살아가야 하는 우리 아이들이 이렇게 자라도록 내버려둬서는 안 됩니다.

이제 많이 변했다고는 하지만 여전히 학교에서는 성적을 중시하는 분위기가 만연합니다. 아이들의 능력을 단지 성적만으로 판단해서는 안 된다고 생각하면서도 가장 가시적이고 확실한 평가가 시험 성적이다 보니 정부에서 강조하는 것처럼 수행 평가의 비중을 늘리기가 쉽지 않은 현실입니다.

우리 인간의 지능은 한 가지가 아닙니다. 하버드대학교의 하워드 가드너 교수에 의하면 현재 밝혀진 것만 해도 무려 여덟 개의 지능이 있다고 합니다. 그 가운데 우리는 단지 논리수학지능에만 초점을 맞추며 살고 있습니다. 자연친화지능, 신체운동지능, 언어지능, 공간지능 등 훨씬 더 다양한 지능이 있지만 여전히 학습 성적과 직결된 지능에만 관심을 쏟습니다. 그러다 보니 획일적인 학습법만 추구하게 되고, 아이들의 미래 설계도 획일적이 되면서 누구나 똑같은 사람이 되도록 교육받고 있는 것입니다. 그러면 경쟁은 갈수록 치열해질 수밖에 없습니다.

아이들을 변화시키기 위해서는 어른들이 먼저 변해야 합니다. 어른들이 먼저 다양성을 인정하고 존중하는 모습을 보여야 합니다. 특정 문화나 직업을 비하하는 말을 삼가고, 사람을 특정한 기준으로만 판단하고 평가하지 말아야 합니다. 나와 다른 사람은 존중의 대상이지 판단과 배척의 대상이 되어서는 안 된다는 것을 보여주어야 합니다. 아이들에게 그동안 생활 속에서 다양성을 받아들이지 않았던 경험을 말해보게 하고, 앞으로 어떤 자세를 갖는 것이 바람직할지 생각해보도록 하는 것이 필요합니다. 또 획일성보다 다양성이 더 긍정적인 결과를 낳았던 사례를 찾아보면서 아이들이 스스로 깨닫고 적용하도록 지도하는 존중의 학습법이 필요합니다. 널뛰기에서 내가 높이 올라가려면 상대를 먼저 높이 올려줘야 하듯이 우리의 인생도 마찬가지입니다.

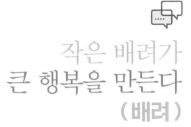

작은 배려가
큰 행복을 만든다
(배려)

배려^{配慮}라는 글자를 보면 상대방^相에 대해 염려^{念慮}해준다는 의미를 담고 있습니다. 한마디로 '타인을 염려해주고 도와주는 것'이라고 정의하면 크게 어긋나지 않을 것입니다. 배려는 리더십에 있어서 매우 중요한 덕목입니다. 훌륭한 리더가 되기 위해서는 구성원을 배려하지 않으면 안 됩니다. 구성원에 대한 배려 없이 리더십을 발휘할 수는 없습니다. 그런데 배려를 하기 위해서는 반드시 '공감'이 동반되어야 합니다. 공감 없이는 배려를 하는 것이 불가능하기 때문입니다.

공감은 원래 '남의 신발을 신다'는 의미에서 유래되었습니다. 남의 신발을 신어보지 않고서는 그 사람의 느낌을 알 수 없습니다. 반대로 남의 신발을 신어본 사람은 상대방의 심정을 알게 됩니다. 상대방의 느낌과 심정을 아는 사람은 그 사람을 위해 무엇을 하면 좋을지 잘 압니다. 그래서 공감을 바탕으로 상대방을 위해 취하는 행동이 바로 배려인 것입니다.

세계적인 리더십의 권위자 버나드 마르는 나쁜 리더의 조건으로 공감 능력이 결여된 사람을 꼽았습니다. 조직의 구성원이 어떤 감정을 느끼고 어떤 상황에 처해 있는지 함께 느끼지 못하는 사람은 결코 좋은 리더가 될 수 없다는 것입니다.

부모들은 대부분 아이들이 성장하여 멋진 리더가 되길 기대합니다. 그래서 성적은 물론이고 생활기록부의 여러 항목 등에서도 좋은 기록이 남도록 각종 활동을 시키곤 합니다. 그런데 정작 좋은 리더의 조건인 공감하는 능력을 키워주지 못한다면 다른 노력들도 모두 물거품이 될 것입니다.

공감과 배려는 조직이나 공동체의 행복과 성과를 이끌어냅니다. 더불어 사는 성숙한 시민으로 성장하려면 공감과 배려가 필수입니다. 인성교육이 추구하는 궁극적인 목표가 타인, 공동체, 자연과 더불어 살아가는 인간다운 성품과 역량을 기르는 것임에 주목한다면 공감과 배려가 얼마나 핵심적인 인성 덕목인지 알 수 있을 것입니다.

**배려가 만든
감동의 운동회**
|

어느 초등학교에서 운동회가 열렸습니다. 6학년 아이들이 달리기 시합을 할 차례가 되었습니다. 졸업을 앞두고 초등학교에서 하는 마지막 운동회의 달리기 시합이었습니다. 출발선에 선 아이들은 총소리와 함께 힘차게 달려 나갔습니다. 그 가운데 한 아이에게는 신체적 장애가 있었습니다. 초등학교 6년 동안 달리기만 하면 꼴찌를 했던 그 아이는 마지막 운동회에서도 또 꼴찌로

달리고 있었습니다. 그런데 잠시 후 앞서 달리던 아이들이 저만치에서 그 아이를 기다리고 있는 모습이 보였습니다. 장애를 가진 아이는 무슨 일인지 영문도 모른 채 그저 달려갔습니다. 그리고 기다리던 아이들이 내민 손을 맞잡고 결승선까지 함께 뛰었습니다. 그 아이들은 그렇게 마지막 초등학교 운동회에서의 달리기를 공동 1등으로 마무리했습니다. 이 장면을 바라보던 많은 사람들이 감동의 눈물을 흘렸습니다.

　우리는 나만 1등을 해야 한다고 오해하며 살아갑니다. 같이 1등을 해도 내가 1등을 한 사실에는 변함이 없는데 오로지 나만 1등을 해야 한다고 생각합니다. 그래서 제로섬게임한쪽의 이득과 다른 쪽의 손실을 더하면 제로가 되는 게임에만 익숙해진 채 살아갑니다. 함께 1등 하는 법을 배우지 못하고 사는 것입니다. 그런데 저 아이들은 공감할 줄 알았고 배려로 이를 실천했습니다. 장애를 가진 친구의 마음을 공감했기에 상대방의 부족함을 채우고 돕는 배려로 실천에 옮긴 것입니다. 이런 사회를 만들어가야 합니다. 우리 아이들이 이런 사회에서 살아야 행복하지 않겠습니까? 우리나라 사람들의 행복도는 굉장히 낮은데, 그중에서도 사회적 유대감이 OECD 35개국 가운데 32위로 유독 낮습니다. 공감하지 않고 배려하지 않는 사회의 단면을 보여주는 예입니다.

　학교 폭력이 만연하고 왕따가 심해져서 해마다 자살하는 아이들이 교통사고 사망자보다 많아진 이유는 공감하지 않고 배려하지 않기 때문입니다. 친구가 힘들어해도 그 아픔을 모르기 때문입니다. 부당하게 왕따를 당하는 친구가 얼마나 괴롭고 무서울지 안다고 해도 도와주거나 조치를 취할 용기가 없기 때문입니다. 아닌 것을 아니라고 맞설 용기를 갖지 못하고 자랐기 때문입니다. 자칫 자신에게도 피해가 올까 두려워 외면하는 이기주의가 몸에 밴 탓입니다. 오로지 성적으로만 평가받으며 한눈팔 겨를도 없이 자신의 스펙 쌓기에만 몰두할 수밖에 없는 우리의 교육 환경과 사회 문화가 아이들을 이렇게 만들고 있는 것입니다.

사회를 병들게 하는 역지사지의 부재

어느 사회가 성숙한 사회인지 가늠할 수 있는 척도는 바로 배려하는 정도에 있다고 생각합니다. 이는 사람들이 얼마나 사회적 유대감을 갖고 행복해 하는가에 달려 있습니다. 국민소득은 그 척도가 될 수 없습니다. 배려와 공감으로 유대감을 가진 사회야말로 진짜 성숙한 사회이자 선진화된 사회입니다.

요즘 지하철을 타보면 거의 대부분 스마트폰에 정신이 팔려 있습니다. 일단 자리에 앉으면 내릴 때까지 고개도 한 번 안 듭니다. 임산부나 노약자가 지하철에서 자리를 잡지 못하고 서서 가는 경우도 흔히 볼 수 있습니다. 조금만 양보하고 배려하면 베푸는 사람도 행복하고 배려를 받는 사람도 행복할 텐데 그게 잘 안 됩니다. 모두들 나도 피곤하니까 앉아야 한다고만 생각합니다. 내가 조금 더 가진 것을 상대방에게 나눠주는 마음, 이것이 공감이고 배려입니다. 이런 사회가 살 맛 나는 사회입니다.

역지사지易地思之의 마음이 배려를 만듭니다. 이런 공감과 배려의 인성이 강화된다면 지금 우리 사회를 힘들게 하는 갑질 논란도 사라질 것입니다. 갑의 위치에 있는 사람이 행하는 비인간적이고 위협적인 행동으로 을의 위치에 있는 사람이 느끼는 수치심과 공포감은 신체적인 질병을 유발할 정도입니다.

　소위 감정노동 종사자들의 애환과 병적인 사회 현상이 최근 주목받고 있습니다. 그런데 흥미로운 사실은 여기에서 갑질 하던 사람도 저기에서는 을의 위치로 변할 수 있다는 것입니다. 반대로 여기에서 을의 위치에 있던 사람이 저기에서는 갑의 위치가 되면서 더욱 심한 갑질 노릇을 하기도 합니다. 악순환의 반복인 것입니다. 한치 앞을 생각하지 않고 자기 마음의 응어리만 풀어버리려고 하는 역지사지의 부재 현상으로 인한 결과라고 할 수 있습니다.

아파트 현관의 배려 천사
|

저희 아파트의 공동 현관은 카드 키를 대거나 비밀번호를 입력해야 열리게 되어 있습니다. 손에 짐을 들고 있을 때면 불편함을 느낄 수밖에 없습니다. 그래서 가끔은 누군가가 들어갈 때를 잘 맞춰서 들어가면 왠지 횡재라도 한 듯합니다.

　제 아내가 얼마 전에 겪은 일입니다. 그날 제 아내는 같은 라인에 사는 초등학생 아이와 같이 공동 현관에 들어가게 되었답니다. 그런데 그만 차에 무언가 두고 온 것이 생각나서 급히 되돌아 나와서 바로 앞에 주차된 차에서 물건을 꺼내 돌아오는데 그 꼬마가 엘리베이터로 가다가 자동 센서가 작동하도록 다시 나와서 현관이 열리게 해주었다는 것입니다. 고맙다고 인사를 하니까 별거 아니라는 듯 시크한 표정으로 가던 길을 가더라며 작은 감동을 받았다고 제 아내는 이야기했습니다.

여전히 일상화되지 않은 배려의 행동으로 '도어 홀더^{door holder}'라는 것이 있습니다. 문을 열고 들어갈 때 뒤에 다른 사람이 오는지 살펴서 그 사람을 위해 잠시 문을 잡아주는 매너를 말합니다. 이런 작은 친절이 공감과 배려의 실천인 것입니다. 그런데 가끔은 자기만 쏙 빠져나가고 뒤에 오는 사람은 나 몰라라 하는 사람도 있고, 앞사람의 도어 홀더에 대한 친절과 배려에 감사의 인사는커녕 마치 아랫사람이 자기를 위해 문을 잡고 있는 것처럼 아무런 인사도 없이 몸만 쏙 빠져나가는 경우도 있습니다. 그럴 때면 문에 탁 부딪쳐버렸으면 좋겠다는 심통이 생기기도 합니다.

안도현 시인의 〈연탄재〉라는 시가 있습니다. 내가 가진 것으로 남을 돕는 배려의 삶, 참으로 멋질 따름입니다.

연탄재 발로 차지 마라

너는 누구에게 한 번이라도

뜨거운 사람이었느냐

자신의 몸뚱아리를 다 태우며

뜨끈뜨끈한 아랫목을 만들었던

저 연탄재를 누가 발로 함부로 찰 수 있는가?

자신의 목숨을 다 버리고

이제 하얀 껍데기만 남아 있는

저 연탄재를 누가 함부로 발길질할 수 있는가?

나는 누구에게 진실로 뜨거운 사람이었던가?

배려와 친절이 선순환을 이루는 사회가 공동의 행복을 만들어냅니다. 그 행복은 결국 자기 자신에게로 되돌아온다는 사실을 명심해야 합니다. 나누고 베풀면 나에게로 되돌아오는 이치를 깨닫고 몸에 익히는 배려의 습관이 우리 모두를 행복하게 만들 것입니다.

올바른 소통이
건강한 관계를 만든다
(소통)

소통이란 한마디로 '산소가 통하는 것'이라고 해석할 수 있습니다. 그리고 '상대방과의 사이에 막힌 것 없이 탁 트여서疏 공감을 주고받는通 관계'라고도 해석할 수 있습니다. 소통疏通의 한자가 그런 의미를 담고 있습니다. 영어로는 소통을 커뮤니케이션communication 이라고 합니다. 커뮤니케이션이란 '공유, 공통'의 뜻을 가진 communis라는 라틴어에서 어원을 찾을 수 있습니다. 그러니까 커뮤니케이션이란 상대방과 공감하고 생각을 공유하는 관계를 의미하는 것입니다.

소통이 단지 말솜씨만을 뜻하는 것은 아닙니다. 궁극적으로는 관계를 말합니다. 상대방과 공감대를 형성하여 산소가 통하는 관계를 말합니다. 인성 덕목 가운데 대인관계의 핵심이 되는 능력이 바로 소통입니다.

이미 살펴본 바와 같이 미래사회는 창조적 협업의 시대이고, 다양한 개성의 조화를 통한 팀워크의 시대입니다. 그래서 모든 기업에서 직원을 채

용할 때 개인의 역량 이외에 팀워크를 이루어 성과를 낼 수 있는 사람인지를 필수적으로 살피는 것입니다. 소위 관계 역량이 핵심인 것입니다. 개인의 전문성과 능력을 인정받아 입사를 한다고 해도 입사 이후의 성장과 성공은 더 이상 개인의 역량만으로는 부족합니다. 이때부터는 관계 역량이 중요시됩니다. 그래서 흔히들 IQ로 입사해서 EQ로 성공한다고 말하기도 합니다. 이때 가장 중요한 부분이 소통 능력입니다. 결국 소통이란 '나'를 표현하고 '너'를 공감하여 '우리'를 만드는 것이라고 할 수 있습니다.

**소통에 대한
3가지 오해**

우리 아이들이 살아갈 미래사회는 다양성의 시대, 글로벌 시대, 창의의 시대라고 했습니다. 지도가 아니라 나침반을 가지고 새로운 가치를 만들어내면서 삶의 여정을 개척해나가야 하는 시대입니다. 또한 통섭과 융합의 시대이기도 합니다. 지금과 같은 시대에 아이들이 건강한 인격체로 성장하여 자신의 가치를 높이며 사회에 공헌하면서 자아를 실현해가는 데 필수적인 덕목이 바로 소통 능력입니다. 소통하지 못하면 아무리 뛰어난 능력을 갖고 있어도 이를 발휘할 수 없고, 다른 사람들과 협력하기 어렵습니다. 그 어떤 전문 분야라도 혼자서는 성과를 낼 수가 없습니다. 따라서 소통의 자세와 능력은 누구에게나 반드시 필요한 것입니다.

우리는 간혹 소통에 대해 몇 가지 오해를 하기도 합니다. 첫째, 소통은 말을 잘하는 것이라고 오해합니다. 앞에서 정의한 것처럼 소통은 관계를 만드는 것이지 말을 잘하는 것만 의미하지는 않습니다. 오히려 말보다는 의미와 의도, 감정을 전달하는 편이 더 소통에 가까울 것입니다.

둘째, 소통을 위해서는 많은 말이 필요하다고 오해합니다. 말의 양이 중요한 것이 아니라 전달 방식과 상대와의 관계가 더 중요합니다. 비언어적인 부분이 의사소통에서 차지하는 비중이 93퍼센트나 된다는 메라비언의 법칙을 보더라도 언어적인 표현이 절대적일 수는 없습니다.

셋째, 소통 능력이 선천적인 것이라고 오해합니다. 물론 선천적으로 소통 능력을 타고나는 사람도 있겠지만 대부분 후천적인 학습과 노력으로 향상된다고 보는 것이 맞습니다. 아인슈타인, 톰 크루즈, 성룡, 조지 부시 대통령의 공통점이 무엇인지 아십니까? 이들은 모두 난독증을 앓았던 경험이 있습니다. 난독증이란 듣고 말하기는 문제가 없는데 글자를 읽는 기능이 현저히 떨어지는 질병의 일종입니다. 그렇지만 오히려 자신의 다른 재능을 살려 결국은 훌륭한 업적을 남기지 않습니까?

이제 소통이 단순히 말하기의 차원을 넘어선다는 것을 아시겠지요? 소통은 쉽게 말해 공감하고 공유하는 감정으로 관계를 만드는 것입니다. 인간관계의 핵심적인 기반이 되는 능력이 소통인 것입니다. 조금은 내성적인 성격이더라도, 말주변이 없거나 선천적으로 소통에 어려움을 느끼더라도 온전한 의미의 소통을 이해한다면 누구나 소통 능력을 갖추는 데 무리가 없습니다.

하버드 대학교에서 1937년부터 무려 72년 동안 연구한 결과가 있습니다. 하버드 대학교 졸업생의 인생을 추적 조사한 결과 그들의 삶을 행복하게 만든 것은 바로 인간관계였다는 것이 밝혀졌습니다. 외적인 조건이나 실력이 아니라 인간관계가 그들의 성공 요인이었던 것입니다. 이렇듯 중요한 인간관계를 만드는 기초, 그것이 소통입니다. 소통 없이는 관계도 없고, 관계 없이는 행복도 없습니다. 그런 소통 능력을 배우고 익히면 누구나 갖출 수 있다니 이 얼마나 흥미로운 일입니까?

경청으로 시작하는 소통

이제 구체적으로 소통의 방법을 살펴보도록 하겠습니다. 훌륭한 소통은 말하기가 아니라 듣기로 시작합니다. 흔히 이야기하는 '경청'입니다. 누구나 경청 정도는 잘하리라고 생각할 수도 있지만 전혀 그렇지 않습니다. 성격이 급하고 자기주장이 일상화된 한국 사회에서는 경청하기가 생각보다 쉽지 않습니다. 밀리면 진다는 강박관념 때문인지 대개는 자기주장에 힘을 쏟고 있습니다. 그러면서 경청에는 자연히 소홀해집니다. 그런데 진정한 소통 능력은 경청에서 비롯된다는 사실을 기억해야 합니다.

경청을 잘하려면 먼저 자세를 갖추어야 합니다. 경청하는 사람은 늘 겸손하고 신중합니다. 그리고 상대방을 존중하려고 노력합니다. 이런 자세를 갖춰야 제대로 경청할 수 있습니다. 아이들에게 경청을 가르치려면 이런 자세를 갖추도록 해야 합니다. 당연히 부모나 교사가 먼저 생활 속에서 이런 모습을 보여주어야 교육 효과가 클 것입니다.

경청에는 몇 가지 단계가 있습니다. 가장 높은 단계의 경청을 '공감적 경청'이라고 합니다. 즉, 상대방이 하는 말을 문자로만 듣는 것이 아니라 문맥을 이해하면서 앞뒤 상황까지 파악해 말하는 사람의 의도와 감정을 이해하는 것입니다. 이렇게 경청을 한다면 상대방은 듣는 사람과 소통한다는 느낌이 확연히 들 것입니다. 그다음으로 '적극적 경청'이 있습니다. 말하는 사람의 말을 집중해서 열심히 듣고 반응하는 것을 말합니다. 감정과 의도까지는 아니더라도 열심히 듣는 수준을 말합니다. 이보다 조금 못한 단계의 경청을 '수동적 경청'이라고 합니다. 이는 의무적으로 듣고 싶은 부분만 듣는 수준을 말합니다. 이 경우 당연히 잘못 이해하는 부분도 생길 위험이 있습니다. 여기서 주목할 점은 가장 수준 낮은 단계의 경청을 '배우자 경청'이라고 한다는 사실입니다. 얼마나 부부 사이에 서로의 말을 건성으로 들으면 이런 용어가 생겼겠습니까? 배우자 경청, 한마디로 귓등으로도 안 듣는 것입니다. 듣긴 했는데 상대방이 무슨 말을 했는지 도무지 기억이 안 나는 수준입니다.

올바른 경청은 관계를 건강하게 만들고 소통 능력을 향상시켜줍니다. 자, 이제 올바른 경청의 3단계를 살펴보겠습니다.

1단계, 상대방의 말에 관심을 나타내는 것입니다. 맞장구를 친다든지, 고개를 끄덕인다든지 하며 시선을 집중하는 행동을 하는 것입니다. 맞장구를 칠 때에도 요령이 있습니다. 가장 쉬운 방법은 상대방이 한 말의 중요한 부분을 되풀이하는 것입니다. "오늘 숙제를 안 가져와서 걱정이 된다"고 말했다면 중요한 부분인 "숙제를 안 가져왔어?" 혹은 "걱정이겠다" 등의 말을 되풀이하는 것으로도 충분히 맞장구가 됩니다.

2단계, 질문으로 대화에 참여하는 것입니다. 들으면서 적당한 타이밍에 질문을 던지는 것도 좋은 경청 방법입니다. 물론 질문의 내용은 말하는 사람의 이야기 내용과 연계성이 있어야 합니다. 지금 이 시점에 그런 질문을 왜 하느냐고 반문하게 되면 곤란합니다.

3단계, 요약하는 것입니다. 상대방이 한 말을 압축해서 요약하는 것입니다. "그러니까 너는 지금 숙제가 가장 걱정이라는 말이구나?" 이렇게 상대방의 말을 한마디로 요약해 확인을 한다면 상대방은 듣는 사람이 자신의 이야기를 얼마나 정확하게 이해했는지 확인할 수 있으므로 신뢰가 생길 것입니다. 이것이 경청의 3단계 행동원칙입니다.

말을 바꾸면 관계가 바뀐다

올바른 소통 방법을 설명하면서 예의 바른 말씨를 언급하지 않을 수 없습니다. 초스피드 시대에 따라 우리 아이들의 언어 표현법도 간소하고 간편한 것을 추구하고 있습니다. 그러면서 알 수 없는 인터넷 용어와 비속어도 난무하는 상황이 되었습니다. 간략하게 줄여서 표현하는 것까지야 시대상을 반영한다고 할 수도 있겠지만, 표현이 거칠고 저속한 것은 짚고 넘어가야 합니다.

말은 그 사람의 인격을 나타냅니다. 말하는 사람의 표현이 거칠고 버릇없어 보이면 듣는 사람 입장에서는 기분이 나쁠 수도 있습니다. 특히 또래 집단에서 심한 욕설을 일상적으로 사용한다고 모두가 사용해도 되는 것으로 착각하도록 내버려두어서는 안 됩니다. 아이들은 욕설을 입에 달고 살면서도 정작 그 단어의 의미는 전혀 모르고 있는 경우가 많습니다. 따라서 어른들이 그 욕설의 의미가 무엇인지 알아듣도록 설명해주고 다시는 사용하지 않도록 일깨워주어야 합니다.

예의 바른 말씨를 갖추고, 경우에 맞는 표현법으로 상대와의 소통을 원활히 하면서 건강한 관계를 만들어가는 것이 소통의 핵심입니다. 또한 자신의 생각을 설득력 있게 표현하기 위해 비유와 사례, 자료를 활용하여 말하는 연습을 시키는 것도 사회성을 길러주는 차원에서 필요합니다. 자신의 생각을 표현하는 능력은 훗날 사회생활에서 자신의 가치를 높이는 데 매우 중요한 역할을 합니다. 한마디로 올바른 소통 능력은 행복한 관계를 형성하는 중요한 계기가 되어줄 것입니다.

어떤 천재도 혼자서 모든 것을 이룰 수는 없다
(협동)

　농구계의 전설이라 불리는 마이클 조던은, "재능은 경기를 이기게 하지만 팀워크는 우승을 만든다"고 말했습니다. 매우 멋진 표현입니다. "빨리 가려면 혼자 가고 멀리 가려면 함께 가라"는 아프리카의 속담도 있습니다. 흔히 인간은 사회적 동물이라고 말합니다. 혼자서는 살 수 없는 존재라는 의미입니다.

　인간의 기본 욕구 가운데 식욕, 성욕, 수면욕 등이 있지만 요즘은 이보다 훨씬 더 강력한 욕구가 생겼습니다. 바로 와이파이WiFi에 대한 욕구입니다. 와이파이가 안 되는 지역에 가면 불안하고 일이 손에 안 잡혀 견딜 수 없어 하는 것입니다. 그만큼 인간은 연결에 대한 욕구가 기본적으로 강한 존재입니다. 고립되고 떨어져서는 결코 살아갈 수 없습니다. 이런 관계성의 원리를 기반으로 '나'와 '너'가 모여서 '우리'를 이루어 목표를 성취하는 것이 협동입니다. 이것을 팀워크라고도 합니다.

요즘은 여럿이 모여서 하는 일이 많습니다. 방송을 보더라도 MC가 여럿인 것이 대세입니다. 패널도 한두 명이 아니고 열 명이 넘게 나오기도 합니다. 가수들도 듀엣이나 트리오를 넘어서 아예 그룹으로 나옵니다. 그리고 저마다의 역할이 있습니다. 비주얼 담당이 있고 보컬 담당이 있으며 댄스 담당이 있습니다. 여럿이 협동한 결과 최고의 성과를 만듭니다.

협동을 위해서는 관계성에 대한 인식이 필요합니다. 관계는 소통으로 만들어진다고 했습니다. 다양한 구성원들의 소통을 위해서는 존중하는 자세가 필요합니다. 그리고 각자의 책임도 중요합니다. 당연히 공감과 배려의 행동이 수반되어야 합니다. 그러니까 협동이란 인성의 종합적 덕목인 셈입니다. 이런 협동 과정을 통해 아이들은 사회를 경험하고 신뢰를 바탕으로 공동의 목표를 위한 헌신과 도전을 배우게 됩니다. 자기 자신을 절제하면서 타인을 존중하고 각자의 독특한 개성과 능력을 발휘하도록 돕는 가운데 성취감을 맛보면서 성장하는 것입니다.

혼자가 편한 세상, 협동의 위기

원래 우리 민족은 전통적으로 협동의 문화유산을 가지고 살았습니다. 향약, 두레, 품앗이, 계 등의 전통이 그것을 말해줍니다. 다음과 같은 향약의 4대 강령을 보더라도 잘 알 수 있습니다.

덕업상권 德業相勸: 덕이 되는 일을 서로 권함

과실상규過失相規 : 잘못된 일은 서로 고쳐줌

예속상교禮俗相交 : 예의 바른 풍속을 지키며 서로 사귐

환난상휼患難相恤 : 어려운 일을 당했을 때에는 서로 구제함

그 내용을 보면 협동의 속성을 얼마나 잘 표현하고 있는지 알 수 있습니다. 또한 우리 민족의 건강한 공동체적 DNA를 느낄 수 있습니다. 이런 협동의 전통과 삶의 방식이 있었기에 수백 번이 넘는 외세의 침략에도 결국 위기를 극복하고 지금까지 번영하며 살고 있는 것입니다.

지금은 전통적인 강점을 살려서 미래사회의 성공 요인으로 활용하는 지혜가 필요한 시점입니다. 그런데 안타깝게도 우리 사회는 이런 좋은 전통에서 멀어지고 있습니다. 지극히 이기주의적인 사고와 앞뒤 가릴 겨를도 없이 질주하는 경쟁시대가 이어지면서 협동의 미덕은 사라지고 내 것 챙기기에만 여념이 없게 되었습니다. 이웃집에 누가 사는지는 아예 관심도 없고, 가족 안에서도 자기 영역 지키기에만 힘을 쏟는 형편입니다. 층간 소음 문제로 소송이 벌어지는 것은 예삿일이 되었고, 가족 내의 문제를 협동으로 해결하려고 노력하기보다는 이혼과 결별로 치닫고 있는 형국입니다.

2014년 영국에서 조사한 자료를 보면 전 세계 142개국을 대상으로 "타인을 돕는다거나 신뢰하는가?"에 대한 설문 응답에서 우리나라는 69위에 그쳤습니다. 1위를 차지한 노르웨이는 74퍼센트가 "그렇다"고 대답한 반면 우리나라는 불과 25퍼센트에 그쳤습니다. 사회적 신뢰도가 지극히 낮

은 수준인 것입니다. 이런 상황에서 타인과의 협동을 기대하기란 당연히 어렵겠지요.

점차 1인 가구가 늘어나는 현상을 그저 무심코 넘겨서는 안 됩니다. 한국보건사회연구원의 통계에 의하면 우리나라의 1인 가구는 빠르게 증가하고 있다고 합니다. 30년 전에 1인 가구의 비중은 6.9퍼센트였던 것이 2015년에는 27.1퍼센트로 무려 네 배 가까이 증가했습니다. 전체 열 가구 중 세 곳이 1인 가구라는 것입니다. 이렇게 가족 형태부터 주변 환경에 이르기까지 곳곳에서 혼자 살아가는 데 익숙한 상황이 펼쳐지다 보니 아이들은 점점 더 타인과의 협동에 서툴게 되는 것입니다. 아니, 오히려 혼자 하는 것에 더 익숙해지는 것입니다.

시장의 트렌드도 혼자 사는 사람을 위한 것에 초점을 맞추고 있습니다. 1인 가구가 늘면서 반려동물 시장도 급속히 성장하고 있습니다. 혼밥족^{혼자 밥 먹는 사람}이 늘고 있고, 상품의 포장도 점차 소형화되고 있습니다. 가족 구성도 1인 자녀가 대세입니다. 둘째를 낳기가 겁나는 세상이라 대부분 외동으로 자랍니다. 그리고 부모는 외동아이에게 모든 것을 쏟아붓습니다.

물론 혼자 사는 사람들의 복지와 권리도 존중해야 합니다. 하지만 뭐든지 혼자 하는 것에만 익숙해지면 공동체에서 협동하는 것이 어려워질 수밖에 없습니다. 공부도 혼자하고 놀기도 혼자 놀고 밥도 혼자 먹는 데 익숙한 사람이 협동하고 팀워크를 만드는 일을 편하게 생각할 리가 있겠습니까?

우리 청소년들의 가치관을 조사해보면 독립에 대한 가치관이 굉장히 강하게 나타납니다. 이것은 자칫하면 남의 간섭을 극도로 기피하고 자신의 뜻대로만 살고 싶다는 의지가 지나치게 높아질 위험을 안고 있습니다. 학교에서 자기 뜻대로 되지 않으면 참지 못하는 아이, 자기 생각대로 풀리지 않으면 화를 주체하지 못하는 아이, 혼자 하고 말면 되지 왜 굳이 함께 하면서 힘을 빼야 하느냐고 불만을 늘어놓는 아이들이 왜 생겼겠습니까?

협동하면 무한의 힘이 나온다

몇 년 전 서울의 지하철역에서 승강장과 열차 사이에 사람이 떨어지는 사고가 발생했습니다. 그대로 열차가 출발하면 인명사고로 이어질 상황이었습니다. 그때 한 사람이 열차를 밀려고 손을 갖다 댔습니다. 그러자 또 한 사람이 합세하여 손을 댔습니다. 여기저기서 손을 대고 열차를 밀기 시작했습니다. 30톤이나 되는 열차가 사람이 민다고 밀리겠습니까? 그런데 밀렸습니다. 믿기지 않는 일이 벌어진 것입니다. 오로지 사람을 살려야 한다는 공동의 목표를 갖고 모두가 힘을 합치자 사람을 살리는 기적 같은 일이 벌어졌습니다. 이것이 협동의 힘입니다. 이것이 바로 협동의 가치입니다. 혼자서는 엄두도 못 낼 일도 협동하면 충분히 해낼 수 있는 경우가 있습니다. 이렇듯 모이고 연결하면 무한의 힘이 나옵니다. 예상을 뛰어넘는 성과가 나오기도 합니다. 그래서 협동, 팀워크가 중요한 것입니다.

『역사의 종말』이라는 책의 저자로 유명한 프린스턴 대학교의 프랜시스 후쿠야마 교수는 국가별 경제적 성과의 차이를 사회적 자본으로 해석합니다. 그 사회가 가진 사회적 자본이 시장경제시스템과 얼마나 잘 맞아 돌아가는지에 따라 같은 경제시스템을 적용하더라도 성과는 확연히 달라진다는 분석입니다. 여기서 사회적 자본이란 그 사회의 오래된 도덕, 관습, 협동심 같은 것을 말합니다. 그런데 그 사회적 자본의 핵심을 신뢰라고 보고 있습니다. 신뢰도가 낮은 사회는 거래에 있어서 많은 비용과 시간이 소모되므로 좋은 성과를 내지 못한다는 것입니다. 후쿠야마 교수는 신뢰의 범위를 놓고 가족이나 혈연 사이에만 신뢰가 존재하면 '저신뢰 사회'로 보고, 혈연을 넘어 시민사회 중심으로 신뢰가 확대되면 '고신뢰 사회'로 보았는데 우리나라는 저신뢰 사회로 분류했습니다.

이제부터라도 어떻게 하면 저신뢰 사회를 극복할 수 있을지 방법을 고민해보아야 합니다. 신뢰 수준을 높이고 범위를 확대하여 고성과를 지향하기 위해서는 협동이 필요합니다. 신뢰 수준을 높여서 상호 도움을 주고받는 협동을 통해 사회적 신뢰도를 회복하고 향상시켜나가야 하는 것입니다.

젓가락 정신과 협동

세계적으로 젓가락질을 가장 잘하는 민족은 우리 민족입니다. 중국이나 일본도 젓가락을 사용하지만 우리처럼 섬세하게 사용하는 수준은 아닙니다. 콩 한 쪽도 젓가락으로 들어 옮기는 민족이 우리 민족입니다.

젓가락이 무엇입니까? 지독한 협동의 산물 아닙니까? 우리의 온 몸에 흐르는 협동의 핏줄을 다시금 힘차게 흐르도록 만들어야 합니다. 아무리 나노 사회가 되고 개인주의가 발달한다고 해도 결국은 협동하는 사회를 만들어야 상생하고 행복해진다는 것을 우리 아이들에게 가르쳐야 합니다. 협동이란 덕목을 통해 사회와 공동체의 목표를 달성할 수 있는 것입니다.

어떤 천재도 혼자서 모든 것을 이룰 수는 없습니다. 아이들에게 기본적으로 타인에 대한 신뢰와 개방적인 태도로 다양한 상황을 수용할 수 있는 힘을 길러주어야 합니다. 학교 수업과 과제도 점차 협동하면서 수행하도록 설계되고 있습니다. 기업에서도 가장 낮은 평가를 받는 사람은 팀워크를 해치는 사람이라고 합니다. 이런 사람은 해고 대상 1순위입니다. 학교나 사회에서 인정받고 성과를 만들어내는 사람은 결국 협동하는 사람, 팀워크를 통해 일하는 사람입니다. "백지장도 맞들면 낫다"는 말이 괜히 생긴 것이 아님을 다시 한 번 상기해야 합니다.

올바른 싸가지를
갖추는 것이 곧 예의다
(예禮)

　예의라는 말은 에티켓이나 매너로 바꿔 말할 수도 있습니다. 프랑스어인 에티켓은 원래 영어의 '티켓ticket'에 해당하는데, 옛날에 프랑스 궁전을 출입할 때 나눠주던 표를 지칭하는 말입니다. 그 표에는 궁전에서 지켜야 할 규범이 적혀 있었는데 그대로 행동하면 예의를 지키는 것이라고 해서 에티켓이란 말이 유래되었습니다. 한편 궁전의 화원에 꽃을 꺾지 말라는 표지판을 붙여 놓았는데 그 표지판을 에티켓이라고 한 데서 유래되었다는 설도 있습니다. 이와 유사한 개념으로 매너라는 말이 있습니다.

　매너는 에티켓을 겉으로 표현하는 행동방식이라고 설명할 수 있습니다. 한마디로 에티켓은 지켜야 할 규범과 자세이고, 매너는 그 에티켓의 표현 방식이라고 할 수 있습니다. 남의 방에 들어갈 때 노크를 하는 것은 에티켓이고, 노크할 때 적당한 세기로 두 번 두드리는 행동은 매너라고 하는 것입니다. 우리말의 예의범절에서 예의는 에티켓이고, 범절은 매너인 셈입니다. 정리하자면 예의란 지켜야 할 규범을 지켜서 해야 할 일과 하지 말아야 할 일을 구분하는 자세와 행동을 말합니다.

　시대의 변화에 따라 예의에 관한 행동양식은 변할 수 있겠지만 그 가치는 변하지 않습니다. 동양 사상에서는 예의를 인의예지仁義禮智로 말합니다. 이 네 가지 덕목을 주로 예의라고 칭하기에 저는 네 가지라는 의미로 '싸가지'라고 표현합니다. 올바른 싸가지를 갖추는 것이 곧 예의를 갖추는 것입니다. 애나 어른이나 무례한 사람과 좋은 관계를 맺을 수는 없고 무례한 사람을 좋아할 사람도 없습니다. 서로 지켜야 할 규범이나 약속을 지키지 않으면 누군가 불편함과 불쾌함을 느낄 수 있기 때문입니다. 본래 예의는 상대방을 존중하는 배려에서 출발합니다. 그러니까 예의가 없다는 것은 상대방을 존중하지 않음을 나타내는 것입니다. 그래서 예의 없는 사람은 누구나 불편하게 여기는 것입니다.

현대사회에 걸맞은 예의의 본질과 가치

안중근 의사의 대표적 유필인 '견리사의見利思義 견위수명見危授命'을 이해하면 큰 틀에서의 예의를 생각하고 실천하는 데 도움이 될 듯합니다. 먼저 견리사의란 사사로운 이익을 보게 되거든 반드시 의를 생각하라는 뜻입니다. 가령 사람들이 모인 공공장소에서 신나게 뛰어놀고 싶은 사사로운 이익에 사로잡힐 경우 그것이 의에 해당하는지 생각해보라는 것입니다. 단순히 애국지사에게만 해당하는 말이 아닌 것입니다.

지금 우리나라 현실에서는 특히 견리사의 정신이 필요합니다. 요즘 타인의 입장은 아랑곳하지 않고 자신의 편의만 생각하는 사람들 때문에 눈살을 찌푸리게 되는 일이 너무 많아졌습니다. 개인주의와 이기주의는 분명히 구분되어야 합니다. 특히 남에게 불편을 주는 행위는 더욱 자제해야 합니다. 이것이 예의입니다. 차를 타고 가면서 창밖으로 쓰레기를 버리는 것은 사사로운 이익만 챙기는 행위입니다. 버리고 싶더라도 의를 생각한다면 자제해야 하는 것입니다. 이것이 예의입니다.

또 견위수명이란 위태롭거나 위기의 상황에서는 목숨을 던지라는 말인데, 그렇다고 꼭 죽기까지 하라는 것이 아니라 그만큼 힘든 상황에서도 당당히 맞서고 도와주어야 한다는 뜻입니다. 부정한 일이나 위기에 직면한 사람을 보고도 못 본 체하는 것은 예의가 아니라는 것입니다. 견위수명의 정신이 일상화된 사회라면 시민 정신이 살아 있는 사회이며, 공동의 행복이 존재하는 사회가 될 것입니다. 예의를 지키는 행동이 결국 그 사회의 품격을 높여주고 구성원들의 행복지수를 향상시키는 역할을 할 것입니다.

학교에서 아이들이 자신만의 편의와 이익을 위해 다른 친구의 권리를 무시하는 행동을 하거나 위험에 처한 친구를 도와주지 않고 지나치는 행동은 모두 예의에 어긋난다는 것을 깨닫게 해줄 필요가 있습니다. 전통적으로 예의 교육이라 하면 한복을 차려입고 절하는 법이나 차 마시는 법을 합숙하면서 배우는 것을 떠올리기 쉬운데, 현대를 살아가는 아이들에게는 그보다 지금 시대에 걸맞은 예의의 본질과 가치를 가르치는 것이 더욱 중요한 일입니다.

**무례함을 알아야
예의를 안다**

지금껏 살펴본 바와 같이 예의를 지키기 위해서는 일정한 규범이 있어야 하고 상대방을 존중하는 마음이 선행되어야 합니다. 그리고 아는 데서 그치지 않고 행동으로 표현하는 용기와 실천하는 자세가 중요합니다. 그런데 아이들에게 예의를 가르치기 위해서는 가장 먼저 무례함이 무엇인지 제대로 인식시켜주어야 합니다.

자신의 언행이 상대방에게 무례한지 아닌지 구분하지 못하는 아이들이 많습니다. 이렇듯 무례한 행동이 무엇인지 인식하지 못해서 실수하는 일이 생기지 않도록 올바로 가르쳐야 합니다. 무엇이 무례한 언행인지 평소에 잘 가르치고, 대화를 통해 아이들이 어떻게 생각하는지 부모나 교사가 파악하고 있어야 합니다.

무례함은 주로 언어적 표현과 몸가짐으로 나타납니다. 대상에 구분 없이 평소의 말투나 표현을 서슴없이 사용하는 아이들은 그런 행동이 상대방을 불편하게 한다는 사실을 모르는 경우가 많습니다. 그리고 불쑥 끼어들어 말을 가로챈다든지 상대방이 하는 일에 방해가 되는 행동을 하면서 개의치 않는 아이들도 마찬가지입니다.

예를 들어 초면에 어른에게 스스럼없이 반말을 하는 아이는 친화력이 좋은 것이 아닙니다. 자기 부모에게 하던 습관이 그대로 표현되는 것입니다. 뻐딱한 자세로 어른 앞에 서 있는 모습이 상대방을 불쾌하게 만들 수도 있다는 사실을 잘 모르면 아무렇지 않게 그런 자세를 취하게 되는 것입니다. 이런 아이들에게는 말투나 표현법, 그리고 자세를 바르게 고쳐야 상

대방의 기분을 상하게 하지 않을 수 있고 그것이 예의란 것을 가르쳐야 합
니다.

다른 사람이 먼저 와서 사진을 찍고 있는데 불쑥 가로막고 자기가 먼저
사진을 찍겠다고 우기는 아이에게는 그것이 상대방을 불쾌하게 만드는
무례한 행동이라는 것을 가르쳐야 합니다. 아이의 기를 살린다는 핑계로
부모가 오히려 먼저 온 사람에게 양해 아닌 양해를 구하며 자기 아이의 사
진을 찍어주는 경우가 종종 있습니다. 이런 부모 밑에서 자란 아이들은 예
의와 무례의 차이를 배우지 못합니다. "세 살 버릇 여든까지 간다"는 옛말
이 왜 생겼겠습니까? 버릇없는 것, 이것이 바로 무례입니다.

인사는 하는 것보다 받아주는 것이 중요하다

유명 PD 출신으로 지금은 대학에서 학생들
을 가르치는 주철환 교수의 말이 재미있습니
다. 그는 '인성은 곧 인사성'이라고 표현합니
다. 참으로 공감이 가는 말입니다. 인사성을 보면 그 사람의 됨됨이를 알
수 있습니다. 직장에서도 인사성에 문제가 있으면 실력을 인정받지 못하
게 됩니다. 소위 '찍히는' 것입니다. 선후배에게 밝고 자신감 있게 인사를
건네는 사람은 기본적으로 대인관계에 유리합니다. 그만큼 인맥이 잘 형
성되며, 좋은 인적 네트워크로 사회생활을 하고 성공하는 데 긍정적인 작
용을 할 가능성이 큽니다. 사람을 보고도 인사를 안 하는 사람은 결코 좋
은 인상을 남기지 못하고 결정적인 순간에 발탁에서 제외되기 쉽습니다.

인사를 해도 성의 없이 고개만 까딱하는 것은 오히려 역효과를 냅니다. 건방지거나 무례한 사람으로 인식되어 부정적인 이미지를 남길 수도 있습니다.

아이들에게 인사성을 길러주려면 먼저 어른들이 인사를 잘해야 하지만 그보다 인사를 잘 받아주는 것이 더 중요합니다. 인사를 잘 받아주는 어른이 있으면 아이들도 인사를 더 잘하게 됩니다. 여러분은 가정에서 아이들이 인사를 하면 어떻게 받아주고 있습니까? 스마트폰에 눈을 고정한 채 건성으로 받지는 않습니까? 그때그때의 기분에 따라 잘 받아주기도 하고 제대로 안 받아주기도 하지는 않습니까? 아이들은 부모의 뒷모습을 보고 자랍니다. 앞에 앉혀놓고 아무리 귀에 못이 박히도록 이야기해봐야 그때뿐입니다. 그런데 나중에 누가 시키지 않아도 부모와 똑같이 행동하는 것을 발견할 수 있습니다. 그러니까 부모가 하는 대로 행동하는 것입니다. 이게 교육입니다. 하게 만드는 것이 아니라 하고 싶게 만드는 것이 훌륭한 교육입니다.

이제부터라도 아이들이 인사를 하면 최고로 기쁘게 받아주시기 바랍니다. 아무리 피곤하거나 힘든 일이 있어도 아이들의 인사는 가장 에너지 넘치게 받아주어야 합니다. 그래야 아이들이 인사하고 싶은 마음을 갖게 됩니다. 가정에서 인사하는 습관이 몸에 배어야 학교나 사회에서도 자연스럽게 인사가 나옵니다.

아이들에게 예의를 가르치기 위해서는 예의 바른 태도와 행동이 상대방에게 어떤 영향을 미치는지, 반대로 무례함이 어떤 영향을 미치는지 심도 있게 대화하고 생각하도록 하는 것이 좋습니다. 역지사지의 입장에서 그 사람의 기분을 느껴보도록 하는 것입니다.

인성교육에서 알아야 할 특징 가운데 하나는 한 가지의 인성 요소가 자리 잡힌 아이는 그 다음 인성 요소를 갖추기가 훨씬 더 수월하다는 것입니다. 공감과 배려의 인성을 갖춘 아이가 예의를 갖출 가능성이 더 높은 것과 같습니다. 만약 어떤 상황에서 아이의 좋은 인성 덕목을 알게 되었다면 그 점을 강화시키는 것이 중요합니다. "아까 엘리베이터에서 뒤에 오시는 할머니를 위해 열림 버튼을 누르고 기다려준 행동은 참 잘했어. 그게 배려란다." "누가 너에게 그렇게 해준다면 너는 기분이 어땠을까? 그런 생각이 공감이란다." 이렇게 강화의 피드백을 통해 인성의 덕목을 가르치고 알게 하는 것이 인성교육입니다. 인성교육은 생활교육이기에 꼭 특정한 시간에 별도의 교과목으로 가르쳐야 하는 것이 아닙니다.

효야말로
인성교육의 기본이다
(효孝)

　어느 30대 치과의사가 술에 만취해서 택시에 탔습니다. 목적지에 도착해 카드로 요금을 결제하려고 하는데 한도 초과로 결제가 안 된다고 하자 그 젊은 의사가 60대 택시기사에게 욕설과 함께 폭력을 휘둘러서 경찰이 출동하는 사태까지 벌어졌습니다. 그 택시기사가 아버지뻘 되는 사람한테 젊은 사람이 너무한 거 아니냐고 말하자 그 의사는 자기 아버지가 택시 운전을 한다면 자기는 자살을 하겠다고 언성을 높였답니다. 공부는 잘해서 의사가 되었겠지만 분명 인성에 문제가 있는 사람입니다. 만약 효와 공경에 대해 제대로 배우고 알았다면 이렇게 행동하지는 않았을 것입니다. 이 사건은 씁쓸한 우리 사회의 단면을 그대로 보여줍니다. 그런데 이런 일들이 너무도 많이 벌어지고 있습니다.

　소크라테스는 "부모를 섬길 줄 모르는 사람과는 가까이 지내지 말라"고 했습니다. 왜냐하면 그런 사람은 인간으로서의 첫걸음을 벗어났기 때문이라는 것입니다. 그렇습니다. 효란 인간의 첫걸음입니다. 태어나서 가장 먼저 만나는 부모와의 관계 속에서 터득하는 사회성이 효입니다.

본능적으로 인간은 부모에게 효를 다하도록 설계되어 있습니다. 그런데 사회가 변하면서 그 설계에 이상이 생기기 시작했습니다. 거기에 부모들도 설계를 변경하기 시작했습니다. 아이들의 성장과 성공을 위해 경쟁에서 이기는 설계를 강화하면서 효에 대한 부분을 소홀히 한 것입니다. 후천적인 설계 변경에 적응한 우리 아이들은 점차 본성적인 효의 감각을 잃고 초현실주의적인 개인이 되어 살아가게 되었습니다. 아랫사람이 윗사람을 공경하는 것에서 특별히 부모를 공경하는 것을 효라고 일컬어왔는데, 이제 그 효 사상에 금이 가고 있습니다. 생존경쟁에서 이기기 위해서라는 이유로 효는 저 멀리 내던져진 것입니다.

인성의 출발점이자 뿌리, 효!

인간의 본질은 무엇일까요? 인간의 핵심은 무엇일까요? 본질이나 핵심은 그것을 빼고 나면 아무것도 아닌 게 되는 것을 말합니다. 그렇다면 인간에게서 무엇을 빼버리면 아무것도 아닌 게 될까요? 그것은 바로 정신입니다. 인간에게서 정신을 빼고 나면 아무것도 아닙니다. 그래서 얼빠진 사람, 정신 나간 사람, 식물인간 등으로 표현되는 상황이면 온전한 인간이라고 말할 수 없는 것입니다. 인간의 본질은 그가 가진 생각이고 가치관입니다. 어떤 생각과 가치관을 가졌느냐가 그 사람의 핵심입니다.

인간의 가장 근본적인 생각에는 효가 자리하고 있습니다. 효란 부모를 향한 배려와 염려의 마음으로 섬기는 행동입니다. 여기서부터 인간다움이 시작되는 것입니다. 인간다움의 시작이 꼬였다면 이미 인성은 꼬인 것입니다. 그런 사람은 핵심이 빠진 껍데기에 불과합니다. 효가 없다면 인간관계의 시작이 잘못된 것이고, 학교나 사회생활에서의 결과도 불을 보듯 뻔하다고 할 수 있습니다.

논어 학이學而편 제6장을 간략하게 살펴보면 다음과 같습니다.

제자입즉효弟子入則孝: 젊은이들은 집에서 부모에게 효도하고

출즉제出則弟: 밖에서는 사람들에게 공손하라.

근이신謹而信: 그리고 언행을 삼가고 신중히 하라.

범애중汎愛衆: 모든 사람을 널리 사랑하고

이친인而親仁: 인품이 좋은 사람과는 가까이 하라.

행유여력 즉이학문行有餘力 則以學文: 이 일들을 다 행하고 여력이 있을 때 비로소 글을 배워라.

이를 다시 정리해보면 이렇게 됩니다.

공자께서 말씀하셨다. 젊은이들은 집에 들어와서는 효도하고 밖에 나가서는 사람들에게 공손하라. 언행을 삼가고, 한 번 말한 것은 꼭 지키도록 하라. 널리 모든 사람을 사랑하고 인품 있는 사람과 가까이 지내야 한다. 이 모든 것을 다 행한 후 여력이 있으면 그때 비

로소 학문을 닦으라.

이 글을 보고 무엇을 깨달았습니까? 우선순위가 보이지 않습니까? 인간됨, 즉 인성의 출발점이 효이며 사회성과 대인관계, 그다음에 사랑과 인품이 강조되고 있습니다. 이런 조건을 갖춘 후에야 공부가 나옵니다. 그런데 지금 우리는 완전히 반대로 살고 있습니다. 공부가 항상 최우선입니다. 부모나 교사나 아이들의 생각 속, 가치관 속에서 공부가 언제나 최우선입니다.

생각과 가치관이야말로 그 사람의 본질이라고 했습니다. 그런데 어느새 우리 사회는 공부와 실력만 갖추면 모든 것이 용서되고 이해되는 분위기가 되었습니다. 인간성은 상실되었고 인성의 가장 근본적인 출발인 효가 무너졌습니다. 가족의 형태가 변함에 따라 자연스럽게 가족의 가치관도 변했고, 최후의 보루인 효 또한 무너지고 있습니다. 효라는 인성의 뿌리가 흔들리니까 가정 밖에서의 사회도 무너지는 것입니다. 물론 어른들의 잘못이 큽니다. 잘 먹고 잘 사는 법만을 강조할 때는 언제고 이제 와서 효가 무너졌다고 큰일이 난 것처럼 난리법석이니 아이들의 입장에서는 혼란스러울 수밖에 없습니다. 어른들이 먼저 효에 대해 다시 생각해야 합니다. 그것이 인성을 생각하는 길입니다.

효를 가르치면 아이들의 정서가 안정됩니다. 많은 심리학적 치료법을 동원하지 않더라도 정서적 안정감이 강화됩니다. 효를 실천하면서 부모와의 유대감과 애착이 강화되므로 타인과의 관계성에도 긍정적인 영향을 미칩니다. 그러면 사회성이 자연스럽게 좋아집니다.

　가정에서의 안정감은 사회생활에 에너지를 불어넣어줍니다. 실제로 많은 기업에서 가정의 소중함을 인식하고 가정의 안정을 위해 복지제도를 도입하고 있습니다. 가정이 흔들리면 생산성에도 영향을 미치기 때문입니다. 안정된 가정의 기반은 바로 효의 실천입니다. 부모가 효를 실천하고 자녀가 효를 실천할 때 그 가정의 안정감은 강화됩니다. 그 결과 부모나 아이들이 가정 밖에서 긍정적이고 자신감 있게 행동할 수 있는 것입니다. 효를 실천하면 부모와 자녀 사이의 소통도 원활해집니다. 앞에서 소통은 곧 관계라고 말했습니다. 이렇듯 효가 우리의 삶에 미치는 영향은 지대합니다.

**부모의 권위는
소중한 것이다**
|

내리사랑이라는 말이 있습니다. 인간은 본성적으로 위로 사랑하는 것보다 아래로 사랑하도록 되어 있다는 것입니다. 저도 나이가 50이 넘고 보니 그 말뜻을 이제야 조금 알 것 같습니다. 부모님을 생각하는 마음보다 자식을 생각하는 마음이 더 먼저 생기는 경험을 하면서 역시 인간은 다 똑같은가 보다 하고 한탄을 한 적이 한 두번이 아닙니다. 자연스럽게 부모 사랑보다 자식 사랑이 앞서는 것은 어쩔 수 없는 듯합니다. 우리 부모님도 그런 마음으로 우리를 키우셨을 텐데 막상 자식을 낳아 부모가 되어보니 부모보다 자식에 대한 생각이 앞섭니다. 그래서 효에 대해 배우고 생각하며 노력하는 자

세가 필요한 것입니다. 효는 결코 자연스럽게 이루어지는 것이 아닙니다.

가수보다는 소리꾼이라는 호칭이 더 어울리는 장사익의 〈꽃구경〉 노랫말을 보면 이런 마음이 잘 나타나 있습니다. 아들이 노모를 모시고 꽃구경을 갔는데 지게에 업혀서 산을 올라가다 보니 험한 산 깊은 곳까지 왔음을 알고 노모가 걱정을 합니다. '아들아, 내 아들아, 나를 산속에 내려놓고 험한 산 내려갈 때 다치지 않고 무사히 내려갈지 걱정이구나' 하면서 꽃을 꺾어서 올라가는 길에 뿌리더라는 내용입니다. 이 노래를 듣고 많이 울었던 기억이 납니다. 이게 부모의 마음입니다. 그런데 자식의 입장에서는 그 마음을 헤아리기가 어렵습니다. 그래서 가르쳐야 합니다. 없는 형편에 고생하면서 학비를 대주고 공부시켜주면 더 좋은 뒷바라지를 안 해준다고 징징댑니다. 이성 친구의 생일선물은 밤을 새우며 포장하고 준비하면서 부모의 생일은 기억도 못합니다. 부모가 자신에게 해주는 것은 당연한 일이고, 자식으로서 부모에게 할 일은 안 해도 그만이라고 생각합니다.

효가 없이는 예의도 기대하기 어렵습니다. 배려, 소통 등의 모든 인성 덕목 또한 갖출 수 없습니다. 그래서 효가 중요한 것입니다. 이제부터라도 우리 아이들에게 진정한 효의 의미를 가르치고 같이 실천해나가야 합니다. 그리고 먼저 부모가 효의 대상이 되어보십시오. 그저 좋은 게 좋다는 식으로 아이들이 효에 어긋나는 행동을 해도 그냥 넘어가서는 안 됩니다. 가정에서 효를 배우고 실천하지 못하는 아이는 결코 사회에 진출해서도 건강한 인격체로서 제 역할을 해내지 못하기 때문입니다.

무조건 친구 같은 부모가 되려고 하기보다는 예의와 배려로 소통하며 의지하고 함께하고 싶은 권위를 가진 부모가 되어주는 것이 좋습니다. 물론 무조건 권위적인 부모는 문제지만 부모의 권위는 소중한 것입니다. 아이들이 따르고 싶어 하는 부모의 권위를 갖추고, 사랑과 공경의 표현을 몸에 익힐 수 있도록 도와주어야 합니다. 이런 아이들이 알파고를 두려워하지 않으며 미래사회의 멋진 주인공이 될 것입니다.

3장에서는 구체적으로 인성교육을 시행하는 방법을 정리했습니다. 교사나 전문강사가 인성교육을 하기 위해서는 일반 교과목 수업과는 다른 접근 방식이 필요합니다. 단순히 지식 전달과 암기로 이루어지는 과목이 되어서는 안 됩니다. 철저히 아이들의 참여와 공감을 이끌어내야 의미 있는 교육이 됩니다. 이론 수업이 아니라 체험학습으로 수업을 통해 스스로 깨우치고 적용하도록 해야 합니다. 그리고 인공지능의 시대를 살아가는 학생들의 눈높이에 맞는 창의적 강의 기법을 개발하고 적용해야 합니다. 깊이 있는 인성교육 전문가가 되기 위해 기본적인 교육학적 배경과 동서양의 사상 정도는 이해할 필요가 있습니다. 이 장의 내용이 강의를 보다 풍성하게 만드는 소중한 자료가 되길 바랍니다.

- ○ 부모와 교사가 먼저 갖추어야 할 인성
- ○ 교육학에 대한 이해는 필수다
- ○ 동서양 사상에서 인성교육의 뿌리를 찾다
- ○ 인성교육을 실천하는 가르침의 미학
- ○ 짧은 교육으로 긴 감동을 선사하는 기법
- ○ 결국은 사람에 대한 교육, 성향별로 접근하라
- ○ 인성교육을 실천하는 다양한 방법

인성교육,
어떻게
가르칠 것인가?

가장 행복한 사람은 가장
많은 사람을 행복하게 해준 사람이다.
슈바이처

부모와 교사가 먼저
먼저 갖추어야 할 인성

교육이란 인간의 행동을 체계적으로 변화시켜가는 과정을 말합니다. 교육의 결과로 행동의 변화가 일어나야 좋은 교육이라고 할 수 있습니다. 그리고 이런 교육은 충분히 준비하고 설계하여 실시해야 합니다. 따라서 한 번에 모든 교육이 끝나지 않습니다. 교육은 일련의 과정을 통해 이루어지는 것입니다.

원래 교육이란 뜻의 영어 education의 어원을 들여다보면 '안에서 밖으로 이끌어내다'라는 뜻을 담고 있습니다. 무엇인가 밖에서 머릿속으로 집어넣는 것이 아니라 내면에 있는 가능성과 능력을 밖으로 끌어내는 것이 교육의 본래 의미인 것입니다. 주입식 교육에 익숙한 우리의 정서로 본다면 많은 차이가 있는 개념입니다.

교육에 앞서 가르치는 사람의 인식이 매우 중요합니다. 교육을 할 때에는 가르치는 사람의 관점과 입장이 강조되기 쉽습니다. 그러나 사실은 교육의 대상자인 배우는 사람에게 더 초점이 맞춰져야 합니다. 19세기 내용을 20세기 사람이 21세기 아이들에게 가르친다면 어떤 일이 벌어지겠습니까? 인성교육에서도 가장 중요한 것은 가르치는 사람인 교사와 전문강사, 그리고 부모가 어떤 교육관을 갖고 어떻게 인성을 바라보는가 하는 것입니다.

인성교육, 개인이 아닌 사회의 문제다

그동안 인성교육에 관한 자료를 검토하고 여러 전문가들을 만나본 결과 상당 부분 잘못된 방향으로 전개되고 있다는 사실을 발견했습니다. 먼저 인성교육을 지나치게 학문적으로만 접근하여 이론적인 내용을 가르치는 일이 빈번하게 일어나고 있는 상황입니다. 인성 덕목은 알고 보면 굉장히 광범위한데 그 내용이 지나치게 분석적이고 학문적이어서 전문가 수준이 아니면 이해하기 힘든 경우가 있습니다. 인성교육이 또 하나의 사교육이 되도록 해서는 안 됩니다. 생활교육으로 자리 잡아서 실천으로 연결되지 않으면 모두 무용지물이 되고 맙니다. 아이들이 공부할 과목이 부족해서 인성 과목까지 추가해야 하는 상황은 요즘 유행어로 '아니지 말입니다.'

또 인성교육 전문기관이라는 명목하에 지나치게 상품화된 교육 프로그램들이 난무하고 있는 현실입니다. 예컨대 청소년 캠프를 주관하는 어느 기관이 인성교육이라는 주제를 살짝 덧입혀서 홍보를 하는 식입니다. 아니면 발표력을 키워주는 어느 기관에서 인성교육 항목을 조금 추가하여 교육 프로그램으로 내놓는 식입니다. 이런 방식의 인성교육은 본질을 간과한 것입니다. 그러다 잘못하면 우리 아이들에게 인성교육에 대한 편견과 오해만 안겨주기 쉽습니다. 물론 교육 효과에도 한계가 있음이 분명합니다.

끝으로 인성교육이라고 해서 너무 고루한 전통만을 강조하는 것도 문제입니다. 가뜩이나 요즘 아이들은 옛것이라고 하면 고개를 절레절레 흔드는데 인성교육을 한답시고 매일같이 공자, 맹자만 외치고 있으면 아이들의 마음은 고사하고 머리에도 범접할 수 없을 것입니다.

인성교육은 가정에서 불씨를 붙이고, 학교에서 그 불씨를 살리고 키워서 생활화하도록 만들어야 합니다. 그렇다면 부모와 교사가 일관된 방법과 가치를 바탕으로 교육에 임해야 할 것입니다. 그리고 상호 협력하고 보완하며 필요에 따라 수시로 상황을 공유하고 백업하는 시스템도 갖추어야 합니다. 인성교육법이 제정되어 시행되고 있다고 해서 전적으로 학교에만 그 책임을 떠넘겨서는 안 됩니다. 부모가 함께 노력해야 효과를 거둘 수 있습니다. 그러므로 인성교육은 아이들이 받기에 앞서 부모가 먼저 그 내용을 이해하고 방향성을 확립하며 학교의 방침과 연동되는 교육계획을 세울 필요가 있습니다. 아무리 중요하고 필요한 교육이라도 부모가 먼저 공감하고 인식하지 못하면 아이들이 수용할 리가 없습니다. 따라서 인성교육에 대한 부모와 교사의 올바른 인식 점검이 반드시 전제되어야 합니다.

　인성교육에 대한 책임감과 절실함의 크기 또한 중요합니다. 물론 하면 좋겠지만 현실을 감안할 때 안 해도 그만이라는 식의 인식은 매우 위험합니다. 인성교육은 이제 개인의 문제가 아닌 우리 사회의 문제입니다. 내 아이는 특별히 인성교육에 시간을 할애할 수가 없으니 다른 아이들이나 신경 쓰라는 태도는 사회적인 교화 차원에서도 걸림돌이 되는 한편, 결국 자신의 아이에게도 부적응과 충돌을 야기하는 문제임을 알아야 합니다.

　가정은 인생의 베이스캠프입니다. 그리고 학교는 가정의 연장선상에 있습니다. 우리 아이들에게 부모는 최고의 인성교사이며, 교사는 부모와 같은 존재임을 알게 해주어야 합니다. 이것이 바로 인성교육의 성공 조건입니다.

나를 지지해주는 의미 있는 한 사람

　경남 산청이 고향인 한 아이가 중학교를 다니기 위해 도시인 대구로 갔습니다. 가난하고 공부에 흥미도 없었던 그 아이는 성적이 늘 꼴찌였습니다. 그러던 어느 날 68명 가운데 68등의 성적표가 나오자 아버지께 보여드리기가 미안해진 아이는 잉크로 쓴 성적표를 조작해서 1등으로 바꿨습니다. 당연히 학교를 제대로 다닌 적 없는 아버지가 알아챌 리 없다고 생각했습니다. 그렇게 고향에 내려갔는데 동네 어른들이 놀러 와서 아들은 공부를 잘하더냐고 물었답니다. 앞으로 지켜봐야겠지만 이번에 1등을 했다는 아버지의 대답에 동네 어른들은 집안 경사인데 돼지라도 잡아서 잔치를 해야 하는 거 아니냐고 말했고, 다음 날 아버지는 진짜로 돼지를 잡아서 잔치를 벌였습니다. 가난한 집의 재산 목록 1호인 돼지를 잡은 것에 아이는 기가 막혀서 말을 잇지 못하고 밖으로 뛰어나갔습니다. 그 길로 물에 빠져 죽으려고도 했습니다. 그 뒤로 그 아이는 달라졌습니다.

세월이 흘러 그의 아들이 중학생이 되던 해에 그 옛날 생각이 나서 부모님께 그때의 일을 사실대로 말씀드리려고 했습니다. "저, 아버지 사실은 그때…"라고 말을 꺼내려는데 연로하신 아버지께서 그의 말을 가로막았습니다. "그만해라, 애가 듣겠다. 알고 있었다." 그렇게도 가난한 형편에 도시로 유학을 보내놓고 성적표를 위조한 아들을 위해 돼지를 잡아 동네잔치까지 베푸신 아버지의 마음을 지금은 박사가 되고 대학 총장이 된 아들은 결코 따라갈 수가 없다는 감동적인 이야기였습니다. 이것은 경북대 총장을 지낸 박찬석 교수의 고백입니다.

사실 요즘 아이들도 성적표를 위조하는 일이 종종 있습니다. 그런데 성적을 위조한 사실을 알고도 이런 태도를 보이는 부모는 거의 없을 것입니다. 물론 이런 행동을 해놓고 부모를 완전히 속였다고 쾌재를 부르며 계속해서 속이려 하는 못된 녀석도 있다면 이야기는 달라지겠지요. 하지만 이야기 속의 주인공은 그 과정에서 인생을 배웠고 인생이 완전히 달라지는 터닝 포인트가 되었습니다. 이 아버지는 아들을 지식으로 가르치지 않았습니다. 삶으로 가르쳤습니다. 무한한 아버지의 사랑과 희생으로 아들의 인성을 바로잡은 것입니다. 이런 가르침은 그 어떤 교육보다 강력한 효과를 냅니다.

아이들의 인성교육을 위해서는 어른들의 올바른 지도가 필요합니다. 그런데 그에 앞서 어른들의 지지가 더 필요합니다. 덩치는 부모보다 커졌지만 아직 정신적으로 성숙하지 못한 아이들의 두뇌와 감정을 알아주고 지지해주는 어른이 있다는 신뢰감이 아이들을 변화시킵니다. 8천 미터 고산 정복에 나선 등반대가 기후 여건이나 건강상의 이유로 중도에 포기하고 내려와도 돌아갈 베이스캠프가 있다는 믿음이 그들에게 힘을 줍니다. 마찬가지로 아이들에게 부모나 교사, 혹은 조부모라도 상관없습니다. 누군가 자신을 지지해주고 있다는 신뢰가 아이의 인성을 바로잡아줄 것입니다.

흔히 부모가 아닌 다른 사람의 보살핌을 받고 성장한 아이는 문제가 생기기 쉽다고 생각하는데 그렇지 않습니다. 편부모나 조부모 슬하에서 자란 아이라도, 혹은 보육시설에서 자랐더라도 누군가의 진정한 보살핌과 지지만 있다면 충분히 정상적으로 성장할 수 있습니다. 아이들에게는 단 한 명이라도 의미 있는 타인significant others이 있으면 그것으로 충분합니다.

인성교육을 하는 어른들의 인성

학생 수가 2천 명이 넘는 초대형 학교인 신정초등학교는 몇 해 전까지만 해도 교문을 떼어가는 도난이 발생하기도 하고, 각종 쓰레기와 어수선한 분위기로 어려운 상황에 처해 있었습니다. 그런데 교사들이 아이들의 행동에만 주목하지 않고 감정에 주목하면서 공감해주고 소통하며 다가서자 변화가 일어났습니다. 일단 학교 분위기가 차분해지고 부드러워졌습니다. 아이들이 학교가 좋고 선생님이 좋다고 느끼기 시작했습니다. 물론 교과목별로 학력 신장도 눈에 띄게 좋아졌습니다. 여기에는 아이들의 감정을 이해하고 수용하는 교사들의 노력과 배움이 한몫했습니다.

인성교육을 책임지고 있는 어른들의 인성 또한 중요합니다. 그리고 인성교육을 하는 사람으로서의 사명감도 중요합니다. 법으로 시행한다고 해서 어쩔 수 없이 해서는 안 됩니다. 가르치는 사람이 의무감으로 한다면 아이들도 의무감으로 받아들일 것입니다. 어른이 먼저 인성에 대해 갈급함을 느껴야 합니다. 그리고 아이들의 흥미와 자발적인 참여를 유발하는 방법으로 접근해야 합니다. 당연히 연구하고 노력하는 모습 또한 수반되어야 합니다.

교사는 물론 부모나 전문강사라면 누구나 인성교육을 보다 적합하고 현실적인 방법으로 제공하기 위해 연구하고 노력해야 합니다. 인성에 대한 아이들의 올바른 개념 확립을 위해 어떤 자료와 방법을 사용할 것인지, 아이들의 행동과 정서적 변화를 이끌어내기 위해 어떤 시도를 할 것인지, 효과적인 인성교육의 수용을 위해 누구의 협력을 받아야 할 것인지 등의 구체적이고 체계적인 준비와 훈련이 필요합니다. 교육은 가르치는 사람이 준비하는 만큼 성과로 연결됩니다.

교육학에 대한
이해는 필수다

인간이 동물과 다른 점이 있다면 무엇이겠습니까? 언어가 있다, 불을 사용한다, 문화를 만든다, 도구를 사용한다 등의 여러 가지가 있겠지만 그중 빼놓을 수 없는 중요한 차이점은 '배우고자 하는 욕망'을 가지고 있다는 것입니다. 인간은 교육적 존재homo educatus입니다. 교육은 인간과 떨어질 수 없는 관계에 있습니다. "교육은 인간을 인간답게 형성하는 작용이다"라고 한 칸트의 말이 새삼 절실해집니다.

체계적이고 전문화된 인성교육을 위해서는 교사와 부모의 교육에 대한 이해의 폭을 넓히는 것이 중요합니다. 어른들이 교육에 대한 기본적인 이해를 바탕으로 바람직한 교육관을 갖고 아이들을 대한다면 보다 깊이 있고 효과적인 방향으로 인성교육을 할 수 있을 것입니다. 단순히 자신의 인생 경험을 기초해서 인성교육을 할 수는 없기 때문입니다.

인간이 모이면 사회가 구성됩니다. 그리고 사회가 존재하면 교육이 필요해집니다. 그 교육을 통해 인간이 완성되는 것입니다. 이렇듯 인간과 사회, 그리고 교육은 상관관계 속에서 연결되어 있습니다. 후세대를 길러내기 위해서도 교육은 필요합니다. 후세대가 이어지지 못하면 사회는 존속하지 못합니다. 이런 교육의 과정을 통해 인간은 성장하고 성숙하는데 이것을 '사회화'라고 합니다. 결국 사회화의 과정이 교육이 되는 것입니다.

사회화의 방향과 내용은 각 사회의 상황에 따라 달라지는데 궁극적으로 인간의 모습이 어떻게 되기를 원하는지에 따라 교육의 목적과 방법, 방향이 정해지게 됩니다. 이런 사회 가치관이 반영된 교육이 다시 인간에게 영향을 주고, 그 과정이 반복되면서 인간의 발전과 사회의 발전이 이루어지는 것입니다.

교육은 수단이 아닌 목적으로서 존재한다

교육학, 즉 pedagogy의 어원은 그리스어의 'paidos어린이'와 'agoos이끌어내다'에서 유래되었습니다. 교육학이란 미성숙한 어린아이에게 가치를 전수하고 잠재력을 개발해주는 것이라고 할 수 있습니다. 한자로도 교육敎育은 가르치고敎 육성하는育 것 아닙니까? 또한 교육의 개념, 목적, 방법에 대한 가치관이라고 할 수 있는 교육관을 살펴보면 다음의 두 가지로 구분할 수 있습니다.

첫째, 주입식 교육관입니다. 교육이란 빈 그릇에 무엇인가를 채워주는 것이라는 전통적인 가치관입니다. 무엇을 집어넣어주느냐에 따라 아이들이 채워지면서 모형을 갖춘다는 관점입니다. 이것은 학습 대상자를 수동적인 존재로 파악하는 것이며, 어른이나 기존의 사회가 가르치는 대로 변해간다는 이론입니다. 그래서 사회적 통념과 기존의 체제를 수용하고 적응하는 사람을, 교육을 잘 받은 사람이라고 보는 것입니다.

둘째, 성장으로서의 교육관입니다. 이는 아이들의 내면에 잠재된 가능성과 능력이 올바른 방향으로 잘 자라도록 도와주는 것이 교육이라는 관점입니다. 여기서는 아이들을 식물로 비유하고 교사나 부모를 정원사로 비유합니다. 『에밀』의 저자 루소는 아이의 흥미와 자율성을 강조하며, 교사 중심이 아닌 아이 중심의 교육관으로 아이의 선한 본성이 자연스럽게 발휘되도록 이끌어주는 것이 교육이라고 주장했습니다. 이 자연주의 이론은 훗날 미국을 비롯한 서양세계 교육 이론의 토대가 되었습니다.

일찍이 플라톤이 교육을 철학적 관점에서 진리의 세계로 안내하는 과정이라고 정의한 이래 많은 학자들의 견해가 전해지고 있습니다. 미국의 철학자이자 교육학자 존 듀이는 끊임없는 개조를 통한 성장의 과정이라고 교육철학적 관점에서 말했고, 미국의 심리학자 스키너는 인간 행동의 의도적인 변화 과정이라고 행동주의 심리학적 관점에서 보았습니다. 또한 미국의 심리학자 매슬로우는 자아실현을 위한 인간관계의 과정이라고 인본주의 심리학적 관점에서 말했습니다. 어쨌든 교육은 전인적인 인간을 길러내기 위한 활동이라는 개인적인 목적과 함께 사회적 존속과 발전을 이루기 위한 사회적인 목적을 동시에 가지고 있습니다. 즉, 사회문화를 보존하고 개선하며 통합하는 기능을 통해 후세대를 길러내는 것입니다.

또 교육의 목적을 보는 관점에 따라 그 자체로 존재의 목적만을 가진다는 견해와 교육 활동을 통한 성공이나 지위의 획득 등의 부차적인 목적을 위한 것이라는 견해가 있습니다. 다시 말해 교육을 통해 인간 본연의 지知, 정情, 의義에 관한 덕목을 얻는 것이 목적이 되어야 한다는 것이 전자의 견해이고, 교육을 통해 취업과 입시, 성공적인 지위 획득 등의 성취가 목적이 될 수 있다는 것이 후자의 견해입니다. 아무튼 교육은 수단으로서 존재하기보다는 목적으로서 존재한다고 인식하는 것이 건강한 사회를 이루는 데 더 적합하다는 견해가 바람직하다고 봅니다.

나름의 교육적 관점을 정립하라

교육의 형태를 보면 크게 학교교육, 가정교육, 사회교육이 있습니다. 가장 대표적인 교육의 형태는 학교교육입니다. 학교는 대략 기원전 5세기부터 출현하여 지금까지 이어지는 가장 핵심적인 교육기관입니다. 이미 수천 년 동안 학교라는 대표적인 교육기관의 영향으로 사회화가 이루어져왔고 우리들의 교육을 책임지고 있습니다. 그래서 누구나 교육이라고 하면 학교를 연상합니다. 그런데 오늘날 학교교육의 문제점이 드러나면서 다양한 논의가 이루어지고 있으며, 학교 무용론까지 나오고 있는 형편입니다. 학교를 대체할 대안 개발과 함께 비형식적인 교육 방법도 다양하게 시도되고 있습니다. 더욱이 인터넷의 발달로 인해 학교교육의 형태는 앞으로 어떤 식으로든 더욱 빠른 변화가 불가피할 전망입니다.

세계적으로 이미 온라인 공개수업Massive Open Online Course; MOOC이 확산되고 있습니다. 이 과정에서 학교교육 자체에 대한 개선과 보완도 끊임없이 전개될 것이 분명합니다. 학교교육의 가장 큰 문제점으로 제기되는 것은 아무래도 강제성과 획일성입니다. 교육의 본래 의미와는 다르게 인간을 억제하고 통제하는 환경 속에서 일률적인 지식을 주입하고 평가하는 교육 시스템에 대한 비판이 이어지고 있습니다. 그래서 학교교육의 대안 가운데 하나로 가정교육이 있는 것입니다.

가정은 단순히 생존을 위한 기본 욕구를 충족시키는 장소가 아닙니다. 가장 먼저 사회를 접하고 인간관계와 사회성을 배우는 곳입니다. 다시 말해 사회 구성원으로서의 소양과 자질을 훈련하고 다듬는 곳입니다. 특히 부모에 의해 전적으로 양육되는 유아기와 아동기는 한 사람의 생애에서 가장 치명적인 영향을 받는 시기이고, 그 시기를 보내는 장소가 가정인 것입니다. 아이들은 가정환경에 대단히 큰 영향을 받고 그 결과 많은 후천적인 발달을 이루게 됩니다. 이 시기에 가정에서 어떻게 아이를 양육하고 어떤 환경을 조성해주느냐가 전 생애를 통틀어 가장 중요하다고도 할 수 있습니다. 물론 물리적인 환경만을 의미하는 것은 아닙니다. 가족 구성원 사이의 관계라든지 가정의 문화와 풍습, 그리고 부모의 양육 방식 등 모든 것이 아이에게 영향을 미치는 것입니다.

또 다른 교육 형태로는 사회교육이 있습니다. 사회교육이란 공식적인 학교의 정규 프로그램이 아닌 기타 사회기관이나 공공단체, 사설 학원 등에서 이루어지는 모든 교육을 말합니다. 때로는 학교에서도 정규 시간 이외에 사회교육 프로그램을 보급하기도 합니다. 그리고 매스컴이나 박물관, 도서관 등의 전문적인 시스템을 통해 우리 아이들은 다양한 사회교육 프로그램을 접하게 됩니다. 요즘은 주민자치단체에서도 사회교육 프로그램을 진행하는 곳이 늘어나고 있습니다. 여기에 평생교육의 개념이 대두되면서 학교교육을 비롯해 사회교육에 이르기까지 전체를 망라하여 생애 전반의 교육으로 통합한 평생교육의 시대가 된 것도 주목할 부분입니다. 이미 유네스코에서는 이런 평생교육의 개념을 널리 확산시키고 있는 상황입니다. 교육에 대한 이상의 간단한 고찰을 통해 나름의 교육적 관점을 정립하고 사명감을 갖고서 교육에 임하는 교사와 부모가 되길 바랍니다.

스승의 수준이 배우는 사람의 수준을 결정한다

가르친다는 것은 단순히 지식을 전달하는 데 그치는 일이 아닙니다. 가르치는 분야에 대해 전문성을 갖추고 가르치는 방법에 있어서도 상대에 따라 기술과 수단을 달리해야 합니다. 그리고 무엇보다 아이들에 대한 사명감과 무한한 애정이 필요합니다.

제대로 가르치지 못하면 안 가르친 것만 못한 일이 생기기도 합니다. 한 번 배움에 대한 부정적 인식이 생기면 되돌리기가 매우 힘듭니다. 가르치는 사람에 대한 신뢰가 깨지면 다른 사람에 대한 신뢰 형성에도 문제가 생깁니다. 따라서 가르치기 전에 충분히 분석하고 준비해서 스스로 성찰하는 시간을 가져야 합니다.

신영복 작가의 말처럼 '가르친다는 것은 다만 희망에 대해 이야기하는 것'입니다. 무엇보다도 가르치는 사람이 가르치려는 내용을 얼마나 실천하고 익혔는가가 중요합니다. 한국교육단체 총연합회의 사도 강령을 보면 스승의 자질은 제자의 거울이 되고, 국민의 사표가 된다고 명시하고 있습니다. 스승의 수준이 배우는 사람의 수준을 결정합니다. 그리고 그 사회의 수준을 결정합니다.

독일의 철학자 피히테는, "독일의 운명은 교사들의 실력과 열정에 달려 있다"고까지 말했습니다. 이와 같이 사명감을 가지고 교육과 교육학의 기본적인 배경에 대한 이해를 바탕으로 멋진 인성교육을 실천해나가길 바랍니다.

동서양 사상에서
인성교육의 뿌리를 찾다

이제부터 인성교육에 대한 동양과 서양의 특징과 관점을 비교하면서 오늘날의 인성교육에 어떤 식으로 연계하면 좋을지 살펴보겠습니다. 먼저 동양의 인성교육을 이해하기 위해서는 유교적 관점에 주목할 필요가 있습니다.

전통적으로 유교에서는 인성을 성선설性善說과 성악설性惡說로 구분했습니다. 전자는 맹자에 의한 관점이고, 후자는 순자에 의한 관점입니다. 한마디로 사람의 본성이 착한가, 악한가에 따라 나뉜 것입니다. 맹자의 경우 인간의 마음에는 인仁, 의義, 예禮, 지智의 네 가지 덕이 기본적으로 있다고 주장합니다. 이것은 다시 맹자의 4단四端과 연계해 설명할 수 있습니다. 4단이란 측은지심惻隱之心, 수오지심羞惡之心, 사양지심辭讓之心, 시비지심是非之心을 말합니다. 그러니까 남을 불쌍히 여기는 마음인 측은지심에서 인仁이 나오고, 자신의 옳지 못함을 부끄러워하고 남의 옳지 못함을 보고 미워하는 수

오지심에서 의義가 나오며, 겸손하게 마다하며 양보하는 사양지심에서 예禮가 나오고, 옳고 그름을 분별하는 시비지심에서 지智가 나온다는 것입니다. 즉, 인의예지라는 네 가지 덕은 인위적으로 만들어 주입하는 것이 아니라 본래부터 사람의 마음속에 존재한다는 것입니다. 다만 환경과 욕심의 영향을 받아서 그 본래의 마음을 잃어버리기도 하는데, 마음이 주관하여 이런 욕망을 다스려야 한다는 것이 맹자의 주장입니다. 개나 닭을 잃어버리면 찾아다니면서도 마음을 잃어버리면 찾을 줄을 모르는데, 학문이란 다른 게 아니라 그 마음을 찾는 일이라는 것입니다.

인간의 본성을 중시하는 동양 사상
|

맹자의 이론에 의하면 마음을 찾는 교육이 바로 인성교육입니다. 인간이 본래 가지고 있는 선한 마음의 네 가지四 작은 단서端를 잃어버리지 않고 잘 가꾸면 점점 더 강해지고 커져서 악한 행위와 욕망을 다스릴 수 있게 된다는 것입니다. 이런 배움과 훈련이 곧 맹자가 말하는 인성교육인 것입니다. 우리나라는 조선시대 이후로 성리학의 영향을 받아왔기 때문에 맹자의 성선설에 기초한 유교적 전통교육이 이루어졌다고 보는 것이 일반적입니다.

오늘날의 인성교육 측면에서 정리하자면, 아이들의 마음속에 본성적으로 내재되어 있는 선한 인성을 발견하고 인지시켜주어 주변의 유혹과 부정에 지배되지 않고 살아가도록 이끌어주는 것이 중요합니다. 본래의 선함을 지키지 못하고 인간의 품격과 인간애를 버리면서 욕심과 충동을 이겨내지 못하는 삶에서 벗어나도록 가르치고 훈련해야 합니다.

누구나 본성의 선함이 존재하는 것을 믿고 노력을 반복하다 보면 인성의 힘을 키울 수 있습니다. 얼마나 좋은 교사나 부모에게 가르침을 받고, 얼마나 꾸준히 배우고 노력하느냐에 따라 훌륭한 인성을 갖추느냐 마느냐가 결정됩니다. 하루아침에 인성을 가르치고 갖추게 할 수는 없습니다. 하지만 누구나 배우고 실천하면서 인성을 가꿀 수는 있습니다.

공자는 맹자보다 앞선 시대를 살았는데 당시의 사회현상이 극심한 혼란기였음을 감안하면 특별히 인성이란 개념을 주장하지는 않았지만, 그의 인과 예에 관한 사상을 보면 결국 인간의 도리와 도덕성을 이해할 수 있습니다. 공자는 사회가 타락하고 혼탁한 이유를 인간의 인과 예라는 도덕이 무너졌기 때문이라고 생각했습니다.

공자가 평생 주창한 배움이란 결국 타인을 대하는 태도와 인격의 수양을 말합니다. 지식의 습득이나 실력의 연마가 아닌 것입니다. 인간의 품성을 향상시키는 수양과 실천이 바로 학문이라는 것입니다. 이런 맥락에서 본다면 공자의 인성교육은 인과 예라고도 할 수 있습니다. 인이란 자기 자신의 내면적 도덕성이고, 예란 외면적인 사회 규범을 의미합니다. 따라서 인을 바탕으로 예를 실천하는 것이 군자요, 대인인 것입니다. 이런 사람이 바로 오늘날 인성이 좋은 사람으로 평가받지 않을까 생각합니다.

노자는 중국 역사상 최초로 우주의 진리를 말한 사람입니다. 그가 말하는 우주의 진리가 바로 도道입니다. 도란 변하거나 없어지지 않으며 항상 존재한다는 것입니다. 우주 만물의 근본을 따져 들어가면 결국은 진리에 도달하게 되는데 그것이 도라는 것입니다. 노자의 사상은 한마디로 무위자연無爲自然입니다. 이것은 법률, 풍속, 문화 등의 인위적인 것에 얽매이지 않고 사람의 가장 순수한 양심에 따라서 살아가면 도에 이른다는 사상입니다.

이처럼 동양의 사상을 통해 인성교육의 근원을 비추어보면 인간의 본성을 중시하며 신뢰하고 개인의 수양을 강조한 특성을 찾을 수 있습니다. 동양 사상에서는 인내와 성실, 화목을 중요시하며 생명을 존중하고 자연과의 조화를 이루는 것이 중요함을 강조합니다. 또한 이론적인 지식보다 실천을 중시하여 지속적인 노력으로 사람다운 사람이 되어가는 과정을 중시합니다.

인간은 누구나 좋은 성품과 인격을 다지고 자연과 사회 속에서 조화를 이루며 살아갈 책임을 가진 존재입니다. 이런 이상적인 인간으로서의 모습을 갖추도록 가르치고 이끄는 행위가 바로 인성교육입니다. 공자 스스로도 인을 완성했다고 말하지 않았듯이 인성교육은 평생의 과업으로 삼고 정진해야 할 부분이라는 것도 되새겨볼 일입니다.

최고의 선善을 강조하는 서양 사상

서양 사상에서 말하는 인성교육의 근원을 이해하기 위해 먼저 플라톤에 대해 살펴보도록 하겠습니다. 고대 그리스의 철학자인 플라톤은 이데아설을 주장했는데, 한마디로 최고의 선^善인 이데아를 모방하고 실천하는 것이 진정한 삶이라고 보았습니다. 또한 용기, 지혜, 절제의 덕이 조화를 이룰 때 정의가 실현되고 행복한 삶이 가능해진다고 믿었습니다. 그는 인격과 지혜를 겸비한 철학적 지도자가 통치하는 나라야말로 이상주의 국가가 된다고 강조하면서 특별한 체계와 성장 단계를 고려한 과정을 통해 교육이 이루어져야 한다는 관점을 가졌습니다.

국회 인성교육 실천포럼 자료집에 의하면 플라톤의 교육 과정은 16세까지 문예교육과 체육교육을 통해 인성 형성과 용기라는 덕을 함양할 것을 주장했습니다. 그는 이런 교육으로 좋은 시민적 덕성을 갖추고 인성을 기를 것을 중시했으며, 동시에 보다 보편적이고 절대적인 의미의 좋은 삶을 추구하고 보완할 필요도 있다는 관점을 펼쳤습니다.

고대 서양에서 인성교육에 관해 가장 체계적으로 탐구한 사람은 아마 아리스토텔레스일 것입니다. 그는 덕에 대해 논하면서 덕이란 오직 성품의 상태라고 정의했습니다. 인간을 선하게 만들고 도덕적으로 훌륭하게 하는 것을 덕이라고 했습니다.

아리스토텔레스에 따르면 덕은 선에 대해 '알고 느끼며 행동하는' 세 가지 성향으로 구성된다고 합니다. 그래서 덕이 있는 사람은 옳은 선택을 하면서 올바른 감정을 가지는데, 이것은 곧 올바른 행동을 함으로써 개발된다는 것입니다. 인성교육의 습관화가 중요한 이유가 여기에 있는 것입니다. 정의로운 행동을 함으로써 정의로운 사람이 된다는 것과 같은 이치입니다. 여기서 아리스토텔레스가 말하는 습관이란 아무 생각 없이 단순 반복되는 반사적인 행동을 의미하는 것이 아닙니다. 자신의 행동에 대해 비판적인 평가를 하면서 실천하는 반복을 뜻합니다.

아리스토텔레스는 인간의 궁극적인 삶의 목적은 행복이며, 이 행복은 덕스러운 행동이고 최상의 선ᵇ이라고 주장했습니다. 또한 덕을 두 가지로 구분해 진리를 인식하는 '지성적인 덕'과 욕망을 억제하고 중용을 취하는 '품성적인 덕'으로 나누었습니다. 즉, 덕을 실천하기 위해서는 지식뿐만이 아니라 실천의지가 필요한데 그 실천의지를 습관화해 쌓은 덕이 과하지도 않고 부족하지도 않은 가장 바람직한 중용의 상태를 만든다는 관점입니다. 인성교육의 측면으로 보면 이런 중용의 덕을 위해 배우고 노력하며 지속하는 자세가 중요한 것입니다.

아리스토텔레스의 말처럼 제비 한 마리가 왔다고 봄이 온 것도 아니고, 하루아침에 여름이 오는 것도 아닙니다. 마찬가지로 인간이 축복받고 행복해지는 것도 짧은 시간 안에 이루어지는 것이 아닙니다. 인성을 가꾸고 결실을 맺기까지는 오랜 수양 과정과 시간이 필요한 것입니다.

먼저 지식으로 알고 느끼며 실천하고 습관화하면서 성품으로 내재화시키는 인내와 도전이 필요합니다. 어쩌면 한 인간의 생애에 걸친 과업이 될지도 모르는 일입니다. 그러므로 가르치는 사람이나 배우는 사람 모두 단기 속성 인성교육 과외 따위는 아예 염두에 두지도 말아야 합니다. 특히 자판기에 동전을 넣고 나서 곧장 손을 집어넣어 물건이 나오기를 기다리거나 인터넷 주소창에 입력을 하고 나서 바로 화면이 뜨지 않으면 참지 못하는 성격이라면 더욱 명심해야 할 일입니다.

　　지금까지 간략하게나마 동서양 인성교육의 주요 사상들을 살펴보았습니다. 이 외에도 수많은 이론이 있지만 이 정도 살펴본 것만으로도 인성교육의 소양을 쌓는 데 충분히 도움이 되었을 것으로 기대합니다. 인성교육의 깊이와 올바른 방향성을 위해 단순한 인성 덕목에 대한 지식뿐만 아니라 인성교육의 뿌리를 다각도로 살펴보는 것도 의미 있는 일입니다.

인성교육을 실천하는
가르침의 미학

인성교육은 또 하나의 입시과목이 아닙니다. 생애 전반에 걸쳐서 이루어야 하는 장기 교육입니다. 따라서 인성교육은 특정 시간에 특정 교과목을 통해서만 이루어져서는 안 됩니다. 교과 활동과 교과 외 활동, 가정과 사회 공동체의 연계, 강의와 참여 및 체험의 다양한 방법으로 포괄적인 접근이 이루어져야 합니다. 인성교육을 체계적으로 적용하기 위해서는 포괄적인 프레임에 대한 이해가 필요합니다. 여기서 말하는 포괄적인 접근, 포괄적인 프레임에 대한 개념은 다음과 같습니다.

우선 학교에서의 기본적인 교과목 수업을 비롯해 여러 체험 학습이나 방과 후 활동, 그리고 상담 및 생활지도 시간과 각종 학교 행사 기회를 통해 인성교육이 이루어지고 있습니다. 그러니까 아이들이 학교에서 보내는 모든 시간과 환경이 인성교육의 대상이 되는 것입니다. 특정 교사가 줄을 잘못 서서 인성교육을 맡게 되었다고 푸념하는 일은 없어야 합니다. 다만 인성교육의 특성상 도덕, 사회, 예체능, 국어 과목에서 좀 더 집중적으로 다루어야 한다는 사실은 이해할 필요가 있습니다. 기타 과목들에서는 과목의 특성에 맞추어 나름의 인성교육 요소를 발췌해 첨가해야 할 것입니다. 인성 함양이라는 목표는 어느 특정 과목으로 달성할 성질의 것이 아닙니다.

두 번째, 학교뿐만이 아니라 가정과 사회단체 등의 지역사회와도 연계하여 시행해야 합니다. 아이들의 인성에 영향을 미치는 후천적인 요인들이 포진해 있는 곳이라면 어디든 인성교육에 참여할 의무와 역할이 있는 것입니다. 인성교육의 다양한 주체들이 포괄적으로 연합하여 아이들의 인성을 책임지고 관심을 기울이는 협업적 구조가 필요합니다. 이런 노력이 우리 아이들의 인성을 보다 효율적으로 함양시켜줄 것입니다.

세 번째, 다양한 교육 방법이 동원되어야 합니다. 때로는 강의 형식으로 가르쳐야 하겠지만, 때로는 토론과 피드백을 통해 가르치고, 또는 역할 모델을 통해 배우게 한다든지 팀 과제를 제시해 체험을 통해 학습하도록 하는 것이 중요합니다. 세계 최고의 IT 강국답게 인터넷과 각종 매체를 동원해 학습하는 것도 좋은 방법입니다. 그리고 아날로그적인 접근도 병행하면 의외로 효과가 좋습니다. 인간은 특유의 감수성이 있기 때문에 본능적으로 아날로그적인 향수와 재미를 필요로 합니다.

마지막으로 인성교육의 주제는 매우 광범위합니다. 전통적인 윤리교육을 비롯해 다문화, 인권, 청렴, 국가관, 환경, 성 평등, 가치관, 생활 규범 등의 모든 범위가 인성교육의 주제가 될 수 있습니다. 이렇게 입체적이고 역동적이며 현실적인 주제를 총괄해야 한쪽으로 편중되거나 기울지 않고 올바른 인성교육이 가능해집니다.

리서치식 방법 vs 체험 활동식 방법 | 그렇다면 인성교육을 어떤 방법으로 진행하면 좋을까요? 지금부터 그 실천 방법을 몇 가지 소개하려고 합니다.

먼저 리서치식 방법이 있습니다. 이것은 학생들이 직접 참여하고 활동하면서 인성 덕목을 체험하고 스스로 느끼도록 유도하는 방식입니다. 대표적인 방법으로 자료 조사가 있습니다. 인터넷이나 기타 참고자료를 활용하여 인성 덕목을 제시하고 거기에 적합한 사례를 조사하는 것입니다. 이런 활동은 조를 편성하거나 짝을 지어주고 하는 것이 효과적입니다. 함께 공동의 목표를 정하고 하는 활동 속에서 상호 배려와 존중을 배울 수 있습니다. 또 때로는 소통하며 의견을 조율하는 과정도 거치고, 자신의 감정을 조절하고 인내하는 것의 중요성을 깨우치기도 합니다.

만약 소통이라는 덕목을 주제로 리서치를 한다고 가정하면, 인터넷이나 신문 등의 가능한 방법을 모두 활용하여 우리 사회에서 소통의 문제점과 바람직한 사례를 구분하여 모아오도록 합니다. 그리고 단지 모으는 데 그치는 것이 아니라 기본 자료를 수집한 후에는 일정한 양식을 제공하여 그 틀에 맞게 분석하고 정리하도록 하는 것입니다. 가령 소통의 문제점으로 대표되는 사례와 거기에서 도출한 문제의 원인, 그리고 그런 유사한 경험을 한 사례를 학교생활에 적용하여 정리하게 하는 식입니다.

바람직한 소통의 사례를 같이 분석하도록 함으로써 순기능적인 체험도 하게끔 유도할 수 있습니다. 그리고 정해진 날짜에 조별로 정리된 자료를 상호 발표하면서 느낀 점과 비교되는 점을 공유하는 토론의 시간을 갖습니다. 이럴 때 교사는 가능하면 진행자의 역할만 하는 것이 좋습니다. 그런 다음 마지막에 마무리로 몇 가지 코멘트만 해줘도 스스로 충분히 배우고 깨달을 수가 있습니다.

준비한 자료를 발표하고 나누는 것으로 끝내지 말고 자료를 모으고 정리하는 과정에서 있었던 조별 에피소드나 조원과의 관계 변화 등을 점검하고 아이들의 이야기를 듣는 시간을 갖는 것도 좋습니다. 이렇게 함으로써 아이들은 책임감을 갖고 과제를 수행하면서 팀워크를 배우고 주제의 핵심적인 인성 덕목을 체험할 수 있습니다. 또한 발표를 하면서 스스로 배우는 계기도 됩니다. 가장 좋은 학습 방법은 가르쳐보는 것이기 때문입니다.

다음으로 체험 활동식 방법이 있습니다. 이는 개인별로 하는 방법으로 부모님 인터뷰하기, 부모님께 가장 고마웠던 경험을 몇 가지 리스트로 만들어서 선물하고 소감 듣고 적어오기 등의 방식이 있습니다. 이런 활동을 통해 일정한 시간을 할애하여 부모님과 대화할 기회도 만들 수 있고, 본인이 생각하는 부모님의 마음과 어떤 차이가 있는지도 확인하는 계기로 삼을 수 있습니다. 감사 리스트를 작성하고 예쁘게 만드는 동안 미처 깨닫지 못했던 고마움을 다시 느낄 수도 있고, 부모님께 자신이 얼마나 소중한 존재인지 확인하는 기회도 될 것입니다. 가장 멋지게 만든 리스트를 선정하여 시상하는 방법도 효과가 있습니다. 그리고 반 친구들과 공유하며 어떤 감사의 종류가 있었는지 비교하고 느끼는 시간으로 연계해도 좋습니다.

또 조별로 기간을 정하여 화분에 식물을 기르게 하고, 그 과정을 기록하고 정리하여 발표하는 시간을 갖게 하는 방식도 있습니다. 학기 초에 시작하여 학기를 마칠 즈음에 시행하면 좋습니다. 이때 조별 역할 분담과 식물의 종류 및 기르는 방법은 전적으로 아이들에게 일임해야 합니다. 그리고 관찰 일지와 정리한 자료를 보면서 함께 생각과 느낌을 공유하는 것입니다. 환경이 허락한다면 동물을 함께 길러보는 것도 효과적입니다. 실제로 감정을 교류하면서 아이들이 느끼는 부분이 더 많을 수도 있기 때문입니다. 다만 생명 존중의 사상에 입각하여 진지하게 임하도록 방침을 정하는 것은 필요합니다. 나를 소중하게 생각하려면 먼저 남을 소중히 여겨야 함을 오감을 통해 깨닫는 기회가 될 것입니다.

즐거움 체험 vs 역할 연기

즐거움을 체험하는 방법도 있습니다. 몇 가지 게임을 준비하여 반 전체가 참여하는 시간을 갖는 것입니다. 체육시간을 활용하면 가장 좋겠지만 다른 시간이라도 가능할 경우 교실을 잠시 정리하고 실시하면 좋습니다.

먼저 아이들을 5~6명 단위로 나누어 조 편성을 해줍니다. 그리고 조별로 풍선을 나누어주고 적당한 크기로 불어서 묶도록 합니다. 이제 조별로 손에 손을 잡고 강강술래 하듯이 둘러서서 헤딩으로 풍선을 주고받도록 합니다. 규칙은 조원 전체가 한 번씩은 반드시 헤딩을 하는 것과 머리 이외의 부위에 닿으면 탈락이라는 것입니다. 잠깐의 연습시간을 주고 연습을 통해 요령을 터득할 기회를 준 다음 조별로 시간을 재면서 어느 조가 가장 오래 헤딩을 주고받는지 경쟁하는 게임입니다.

또 주어진 시간 안에 일정한 재료를 준비하여 배려, 정직 등의 주제를 주고 창의적으로 포스터를 만들도록 하는 방식도 있습니다. 이때 콜라주 기법으로 종이를 찢어 붙이면서 주제 포스터를 만들도록 하면 더욱 좋습니다. 그리고 시간이 되면 정리하여 조별 발표와 콘테스트 시간을 갖습니다. 그러면 아이들의 창의력과 순발력이 얼마나 뛰어난지 알게 될 것입니다. 각 조별 작품을 감상하는 것 자체가 훌륭한 교육이 될 것이며, 아이들은 스스로 작품을 만드는 과정에서 이미 그 주제의 핵심 내용을 몸으로 기억하게 될 것입니다. 자신이 직접 해본 경험은 기억에 오래 남는 법입니다.

한 가지 더 소개하자면 역할 연기를 해보는 방법도 있습니다. 이 경우 미리 주제를 예고하여 조별로 준비할 시간을 확보해주는 것이 좋습니다. 효孝나 예禮를 주제로 한다면 조원들이 상황극을 만들어서 3분 정도 연기를 하도록 합니다. 그리고 상황극 속에서 표현하고자 하는 인성의 모습을 드라마 보듯이 직접 보게 해주는 것입니다. 아이들의 연기력도 매력적이지만 순수하고 재치 있게 표현하는 내용도 볼 만할 것입니다. 때로는 감동의 눈물도 있을 것입니다.

이처럼 역동적이고 체험적인 활동을 활용해 보다 교육 효과를 높이는 방법은 얼마든지 있습니다. 교사가 꼼꼼한 준비로 아이들에게 가이드라인만 제시해주면 아이들 스스로 진행하는 과정에서 많은 것을 배우고 얻게 될 것입니다. 인성교육은 실천이 중요합니다. 학교에서 지식만 배웠다는 느낌이 들지 않도록 효과적으로 이끌어주는 가르침의 미학을 발휘해보시기 바랍니다.

짧은 교육으로
긴 감동을 선사하는 기법

초·중·고교 학생들이 인성교육법에 의해 인성교육을 받아야 하듯이 대학생들은 국가직무능력표준National Competency Standards; NCS에 의해 전공과목 이외에 별도의 과목을 교육 받아야 합니다. 대학에서 전공을 공부하고 취업을 해보면 현실은 매우 다르다는 것을 깨닫습니다. 그런데 기업의 입장에서 보면 대학을 졸업하고 취업하는 신입사원의 업무 적응력이 중요합니다. 한마디로 회사에 빨리 적응하여 제 몫을 해달라는 것입니다. 그래서 국가에서 여러 기준을 가지고 직업기초능력 열 개의 항목을 골라 교과목처럼 강의를 하도록 만들었습니다. 의사소통, 자기개발, 대인관계, 문제해결 등의 과목이 그것입니다.

사실 정작 이 과목을 가르칠 교수님들은 자신의 전공도 아닌 데다 강의를 준비할 여력이 없습니다. 그래서 제공된 매뉴얼을 기반으로 수업을 하기도 합니다. 제가 방학을 이용해 대학별로 교수법 연수를 진행해보면 여러 문제점들이 눈에 띕니다. 너무도 많은 교수님들이 강의기법에 목말라 하는 것을 두말할 필요도 없습니다.

똑같은 과목이라도 어떻게 강의하느냐에 따라 수업을 듣는 학생들의 반응과 교육 효과는 전혀 다르게 나타납니다. 일방적인 해설 위주의 강의 나 진부한 자료를 바탕으로 한 강의는 외면당하게 됩니다. 매번 같은 방식 의 수업 또한 졸리고 따분합니다. 당최 수업을 듣고 싶은 마음이 안 생깁 니다. 그래서 강의기법에 대한 내용을 한 번쯤 정리해야 하겠다고 생각했 습니다. 이 부분은 실제로 교실에서 수업을 진행하거나 외부기관에서 전 문적으로 강의하는 강사들을 위한 참고자료로 정리한 것입니다. 짧은 강 의 긴 감동, 그리고 같은 강의 다른 느낌을 만들어내는 강의 구성과 진행 에 참고가 되길 바랍니다.

효과적인 인성교육을 위한 학습 동기 모델

좋은 학습의 구성은 좋은 콘텐츠와 학생 의 참여, 그리고 적절한 리뷰로 이루어집 니다. 아무리 강의 기법이 훌륭해도 기본 적인 과목의 내용이 충실하지 못하면 좋은 강의가 될 수 없습니다. 우선 은 강의 기법 이전에 내용의 충실도를 높이는 것이 기본입니다. 그리고 다 양한 시도와 방법을 동원하여 학생들의 참여를 이끌어내야 합니다. 일방 적인 강의는 더 이상 학생들의 주목을 받지 못합니다. 그리고 반드시 강의 마무리에는 적절한 요약과 리뷰가 있어야 합니다. 이런 기본적인 요소를

A(주의 집중)	학습자의 흥미 사로잡기
R(관련성)	학습자의 필요와 목적에 맞추기
C(자신감)	자신의 통제하에 성공할 수 있다고 느끼고 믿도록 도와주기
S(만족감)	보상을 통해 성취를 강화해주기(내재적, 외재적 보상)

〈켈러의 학습 동기 모델〉

갖추고 나서 강의 기법을 정비하는 것이 순서입니다.

효과적인 강의를 하려면 켈러의 학습 동기 모델을 이해할 필요가 있습니다. 그것은 바로 주의 집중Attention, 관련성Relevance, 자신감Confidence, 만족감Satisfaction을 말합니다.

먼저 학생들이 주의를 집중하도록 관심을 끄는 것이 중요합니다. 무엇인가 학생들의 흥미를 끌 만한 것을 제시하여 집중하도록 만들어야 합니다. 한창 인기를 끌고 있는 드라마의 한 장면을 잠시 보여주면서 시작하거나 전날 뉴스에 나온 엄청난 사건을 화면에 띄워놓고 시작하는 것, 혹은 퀴즈를 내면서 맞혀보게 하는 것 등이 여기에 해당합니다. 가르치는 사람은 준비된 상태로 학생들을 맞이하지만 정작 학생들은 전혀 들을 준비가 안 된 상태일 가능성이 높습니다. 따라서 일단 관심을 유발해놓고 집중하게 만든 다음에 강의를 시작해야 수업이 제대로 진행됩니다.

다음으로 관련성에 주목해야 합니다. 학생들은 그들의 상황이나 자신이 필요로 하는 부분과 관련이 있다고 느끼지 않으면 절대 집중하지 않습니다. 사실 이것은 애나 어른이나 마찬가지입니다. 그래서 강의를 하면서 항상 아이들의 상황 또는 필요로 하는 부분과 연결하여 설명하고 적용할 포인트를 꼭 집어주는 것이 중요합니다. 이 내용이 왜 너희들에게 중요하며 무슨 관계가 있는지를 알려주라는 것입니다. 이때 관련 사례와 자료를 동원해 설명하면 효과적입니다.

수업 중에는 학생들이 과제를 수행하거나 발표를 하면서 충분히 해낼 수 있다는 것을 느끼게 해줌으로써 자신감을 자극하는 것이 좋습니다. 아이들은 스스로 할 수 있다는 자신감이 생기면 다른 과제에도 흥미를 보이게 됩니다. 가령 요리를 통해 팀워크와 성과를 느끼게 하려면 스스로 요리를 해냈다는 성취감을 맛보도록 주제를 정하고 진행하는 것이 좋습니다. 난이도를 조절하고 진행 방법을 조율하여 아이들이 성취감을 느낄 수 있도록 계속 자극해주어야 합니다. 아무리 의도가 좋아도 하다가 잘 못하겠다는 생각이 들게 되면 쉽게 포기하고 흥미를 잃고 맙니다.

마지막으로 만족감을 느끼게 해주어야 합니다. 발표와 성취에 대한 보상을 해주면서 스스로 만족하게 하는 것입니다. 스티커도 주고 간단한 상품도 제공하며 점수로도 연결하는 방식으로 보상을 통해 만족감을 느끼게 할 때 아이들은 좀 더 집중하고 몰입하게 됩니다. 강의를 할 때에는 수업 시간마다 이 네 가지의 학습동기 모델을 적절히 적용하고 구사하도록 신경 써야 합니다. 저는 이 네 가지를, 악을 쓰고 해야 한다는 의미에서 '악스ARCS'라고 부릅니다.

**열린 토론의 장을
만들어라**

훌륭한 강의를 위해서는 역시 참여식 수업을 구성하는 것이 좋습니다. 말하고 행동하는 것은 90퍼센트를 기억하지만, 듣고 보기만 하는 것은 50퍼센트만 기억하게 된다는 실험 결과를 볼 때에도 수업을 일방적으로 진행하기보다는 학생들이 직접 참여하는 방안을 고안할 필요가 있습니다.

간단한 퀴즈를 푼다든지 2인 1조로 개념을 설명하고 퀴즈를 맞춰보는 등의 직접적인 참여를 유도하는 방식은 아이들의 흥미와 집중력을 높여줍니다. 그리고 빔 프로젝터나 대형 모니터를 이용해 동영상 자료나 드라마 속의 한 장면을 시청하고 그 안에서 인성의 덕목을 찾아보는 방법도 IT 세대인 요즘 아이들에게 효과적입니다.

파워포인트로 내용을 정리해 살펴보면서 강의하는 것은 이미 보편화된 방법이지만, 여전히 교재와 칠판만을 사용하는 방식을 고수하는 분들도 있습니다. 집중력을 높이고 짧은 시간 안에 효과적으로 내용을 전달하기 위해서는 파워포인트를 활용하는 것이 좋습니다. 때로는 조별 경쟁을 통해 수업의 분위기를 고무시키는 것도 필요합니다. 간단한 상품을 걸어놓고 한다면 더욱 열띤 참여가 이루어질 것입니다.

아이들의 참여를 유도하려면 수업의 분위기와 상황, 인원수에 따라 적절하게 활용해야 합니다. 수업 시간에 따라 시간 안배를 조정할 필요는 있지만, 어쨌든 효과적인 수업을 위해서는 교사와 학생의 상호 교감과 양방향 소통을 통한 과정이 전개되어야 하는 것입니다. 이때 교사는 역동적인 에너지를 발휘할 필요가 있습니다. 정리하자면 인성교육을 위한 수업은

스스로 참여하게 하라.
다양한 시청각 자료를 활용하라.
학습 내용의 적용 방법을 찾게 하라.
인정하고 격려하라.
건전한 경쟁을 자극하라.
스스로 선택할 기회를 제공하라.
학생들의 상호관계를 강화하라.

〈참여식 수업의 원리〉

일반 교과 수업과 차별화하여 흥미 지수를 높이고 양방향의 교감과 소통을 통한 역동적인 수업이 되어야 효과적인 것입니다.

인성교육 수업을 진행할 때에는 대부분 토론식 방법을 적용하는데, 그러다 보면 자연히 조별 활동과 토의 시간이 많아집니다. 조별 토론을 한 후에는 시간 안에 결과를 정리하여 발표하고 공유해야 하는데 간혹 토론이 원만하게 진행되지 않는 경우가 있습니다. 이런 경우에는 교사가 적절히 개입하여 상황을 파악하고 대처해야 합니다. 자칫하면 조원들 사이에 갈등이 심각해져 본래의 목적과 다르게 부정적인 결과가 나올 수도 있습니다.

만약 토의가 제대로 이루어지지 않고 있는 상황이라면 미리 선출된 조장에게 시작을 알리고 토의를 주도하도록 분위기를 잡아주는 것이 좋습니다. 스스로 정한 규칙에 따라 결과를 만들 수 있도록 독려해주고 순서대

〈참여식 수업의 방법〉

로 진행을 유도하면 토론이 순조로이 이어지게 됩니다.

토론은 잘하고 있는데 좀처럼 결과가 나오지 않고 시간만 보내는 경우도 있습니다. 이런 때에는 토론의 목적과 시간을 상기시켜주면서 격려하면 큰 무리 없이 진행이 됩니다. 열심히 대화에 참여하는 모습을 보고 칭찬을 해주면 더욱 좋습니다.

간혹 분위기가 험악해지고 조원들 사이에 문제가 발생하는 경우도 있습니다. 이럴 경우에는 적절한 타이밍을 포착해 자연스럽게 대화에 참여함으로써 토론의 목적을 달성할 수 있도록 개입해야 합니다. 그렇다고 잘

문제 상황	원인 진단
· 토의가 전혀 이루어지지 않는 팀(각자 고시공부 하는 분위기)	· 원래 조용한 성향 · 튀는 한 사람의 지나친 리드로 방관자 발생
· 분위기는 화기애애하지만 결과물이 잘 나오지 않는 팀	· 적극적이고 개방적인 멤버 구성 · 친교의 목적으로 참가하고 있는 상황
· 언성이 높아지거나 분위기가 험악해지고 있는 팀	· 두어 명의 작은 의견 충돌로 말리거나 거드는 상황 · 심각한 감정상의 갈등과 대립

〈조별 토론의 문제와 원인 3가지〉

잘못을 판정하는 심판 노릇을 해서는 안 됩니다. 토론 분위기를 조성해주고 토론의 의미를 생각하도록 지도하며 스스로 정리할 기회를 주는 것이 중요합니다. 어떤 경우에든 교사는 가급적 배려와 관심을 보이되 지나치게 간섭하지 않도록 수위를 조절하는 것이 핵심입니다.

수업 중에 질문을 활용해 학생들의 참여를 유도하고 학생들의 생각을 확인하는 질문의 스킬도 필요합니다. 수업을 듣는 학생의 입장에서는 교사가 질문을 하면 괜히 부담을 갖게 됩니다. 그래도 의무감에 어렵사리 대답을 하는데 이때 교사의 반응이 어떤지에 따라 다음 학생들의 질문에 대한 태도가 달라집니다. 따라서 교사는 단순히 질문을 던지는 것에 그치는 것이 아니라 대답할 때의 올바른 반응에 대해서도 생각해야 합니다.

강의 중에 질문을 적절히 활용해 자연스럽게 상호 소통의 분위기를 연출하는 유능한 교사가 있는가 하면, 질문을 거의 하지 않거나 취조하듯이 질문함으로써 학생들의 기를 죽게 하는 경우도 있습니다. 질문은 가장 쉽

1단계. 질문하며 눈을 맞춰라!(전체 질문)	– 눈 맞추기(eye contact)
2단계. 생각할 시간을 주고 기다려라!	– 잠시 멈춤
3단계. 답이 안 나올 경우 이동하라!(개별 질문)	– 시선을 맞추며 다가가기
4단계. 답변을 들을 때 경청하라!	– 언어적, 비언어적 지지와 동의
5단계. 정리해주며 칭찬하라!	– 엉뚱한 답이 나와도 칭찬하기

〈참여식 수업의 5단계〉

게 하되 아이들과 소통할 수 있도록 노력해야 합니다. 우리 아이들이 자신
감 있게 자신의 생각을 발표하고 타인의 답변을 통해 새로운 사실을 깨닫
는 열린 토론의 장을 마련해주어야 합니다. 특히 질문을 할 때 다음과 같
은 행동은 피하는 것이 좋습니다.

1 전체 질문 없이 바로 개별 질문 하기

2 주의가 산만하거나 졸고 있는 학생을 의도적으로 지목해 질문하기

3 원하지 않았던 답이 나올 경우 부정하는 듯한 반응 보이기(다음 번 질문 시 다시는 답
  하려 들지 않게 됨)

4 의도를 이해하기 어려운, 복잡한 질문 하기

5 답변자를 바보로 만드는 반응 보이기

6 너무 어려운 질문을 던져놓고 잘난 체하는 표정 짓기

7 너무 쉬운 질문에 끝까지 답변 요구하기

시선 eye contact	화법 speech	이미지 image	손동작 visual hand	몸동작 body language

〈강의의 기본 스킬 5가지〉

질문은 수업의 도구일 뿐 학생들을 평가하고 긴장하게 만드는 수단이 되어서는 안 됩니다. 질문에 익숙해지고 친숙해져야 수업에 참여하고 싶은 마음이 들며 자신감도 생기는 것입니다. 그러려면 먼저 교사부터 질문에 익숙해지고 편안해지도록 질문 활용법을 익혀야 하겠습니다.

인성교육에 임하는 교사들의 자세

강의를 위해 학생들 앞에 서는 교사는 모든 점에서 학생들의 시선을 끌게 되어 있습니다. 따라서 표정이나 말투, 목소리 크기, 손동작 등의 여러 면에서 신중을 기해야 합니다. 아이들이 편하다고 아무렇게나 행동하면 수업의 질이 떨어지게 마련입니다.

교사라면 가장 먼저 시선 처리에 신경을 써야 합니다. 특정 아이만 쳐다보거나 허공에 시선을 두는 것은 좋지 않습니다. 적어도 수업 중에 한 번 이상은 아이들과 개별적으로 눈을 맞추도록 시선을 분배해야 합니다. 아이와 시선이 마주치면 자연스러운 표정으로 설명을 이어가면서 한 문장 정도 말을 하고 나서 다른 아이에게 시선을 옮기면 됩니다. 이것을 '한 문장에 한 사람'one sentence, one person'의 원칙이라고 합니다.

말의 속도는 너무 빠르거나 느리지 않으면서 중간중간 빠르기에 변화를 주어 지루하지 않도록 해야 합니다. 의외로 목소리가 작아서 뒷자리까지 잘 들리지 않는 경우도 있으니 신경 써야 할 부분입니다. 수업을 하면서 자연스럽게 제스처를 함으로써 적극적인 모습을 보이고, 자세는 가능하면 바르게 하며 한쪽으로 치우치는 모습을 보이지 않아야 합니다. 교사의 자세가 발라야 아이들도 좋은 자세를 갖게 됩니다.

좋은 강의를 위해서는 교사와 학생, 그리고 학습 환경이 조화를 이루어야 합니다. 무엇보다 교사의 열정과 실력이 수업의 질을 좌우합니다. 특히 인성교육의 특성상 치밀하고 체계적인 준비와 진행이 요구되는 만큼 한 아이의 인생의 기초를 닦아준다는 마음으로 준비해야 할 것입니다.

학생들의 자세도 수업에 지대한 영향을 줍니다. 따라서 평소부터 인성교육에 흥미를 갖도록 정보를 제공해줄 필요가 있습니다. 수업에 들어가기 전부터 사전 준비가 되어 있으면 당연히 그 결과도 좋아지기 때문입니다. 그리고 가급적이면 수업의 내용과 방법에 맞는 환경을 조성해주는 것이 좋습니다. 조금 귀찮더라도 자리 배치를 바꾼다든지, 필요 교보재를 준비하는 등의 환경 조성이 수업에 매우 큰 도움을 줍니다.

인성교육을 위한 기본 준비물로는 A4 용지, 반전지, 포스트잇, 색연필 세트, 신문지, 색종이, 풀, 가위 등이 있습니다. 기본적으로 이런 준비물은 인성교육 수업을 위해 항시 비치해놓고 주제에 따라 즉시 활용하여 활동 중심의 참여형 수업으로 진행하도록 해야 합니다.

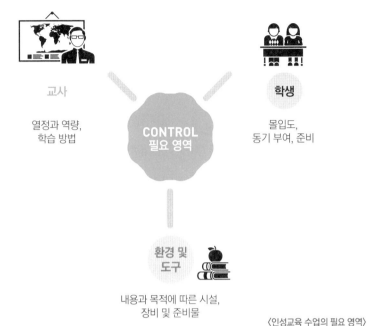

교사

열정과 역량,
학습 방법

CONTROL
필요 영역

학생

몰입도,
동기 부여, 준비

환경 및
도구

내용과 목적에 따른 시설,
장비 및 준비물

〈인성교육 수업의 필요 영역〉

　　조 편성도 친한 아이들끼리만 묶이지 않도록 바꿔주는 배려가 필요합니다. 간단한 조 편성 방법으로는 주사위를 던져서 필요 인원만큼 나누는 것이 있습니다. 또는 사전에 번호를 써놓은 쪽지를 준비해서 제비뽑기로 조를 나누는 방법도 있습니다. 가끔은 친한 사람끼리 다섯 명 정도 모이라고 한 다음에 그 안에서 번호를 매기고 각 조의 같은 번호끼리 다시 헤쳐 모이라고 하면 아이들의 허를 찔러 재미를 느끼게 하면서도 고르게 섞을 수 있습니다. 한 시간의 수업을 위해서 교사는 최선을 다해 준비하는 열정을 가져야 합니다. 어쩌면 그런 모습 자체가 가장 강력하고 현실적인 인성교육인지도 모릅니다.

〈윈도우 패닝의 예〉

아이들의 토론과 참여를 돕는 도구로 '윈도우 패닝' 기법이 있습니다. 반전지 정도의 종이를 준비해 가로 세로 각 세 칸을 만듭니다. 그런 다음 주어진 주제에 대해 조원들이 한 칸에 하나씩 이미지나 그림을 그려 넣게 합니다. 그리고 순서대로 연결하여 하나의 스토리를 만들어 발표하게 하는 것입니다. 이는 인성 덕목을 정리하는 하나의 방법으로 핵심 단어를 뽑아내 유사한 이미지나 그림을 그려야 하며, 조원 전원이 한 칸을 담당하게 되니까 빠지는 사람 없이 참여하고, 오감을 활용한 기법이므로 역동성과 흥미 또한 높아집니다. 윈도우 패닝을 위해서는 다음의 몇 가지 원칙을 제시해야 합니다.

1 조의 구성원 모두가 반드시 참여하십시오.

2 아홉 개의 칸으로 나누고 총 일곱 개만 그리십시오.

3 학습한 내용 중 가장 기억에 남는 키워드를 함축적으로 직접 그림으로 표현하십시오.

4 일곱 개가 모두 연결되어서 하나의 스토리가 되도록 만드십시오.

『탈무드』에 보면 세상에서 가장 지혜로운 사람은 배우는 사람이고, 가장 행복한 사람은 감사하며 사는 사람이라고 합니다. 올바른 인성교육을 통해 우리 아이들이 가장 지혜로운 사람으로 자라도록 돕는 동시에 스스로가 가장 행복한 사람으로 살게 되기를 바랍니다. "어떤 성공이든 인내를 동반하지 않는 것은 없고, 인내는 심지어 천성까지도 변화시킨다"고 미국의 석유왕 록펠러는 말했습니다. 인성교육에 사명을 갖고 열정을 쏟아부으면서 아이들의 성장과 변화를 지켜보는 감사의 현장이 바로 교실이 되었으면 좋겠습니다.

결국은 사람에 대한 교육,
성향별로 접근하라

여기서는 인성교육을 진행할 때 참고하면 좋은 내용들을 정리하여 소개하고자 합니다. 인성교육은 결국 사람에 대한 교육입니다. 그러므로 교사가 먼저 아이들을 분석하고 파악하여 각각의 특성에 맞게 접근해야 합니다.

사람은 누구나 자신만의 특성을 갖고 있습니다. 그래서 오래전부터 많은 학자들이 심리학에서 출발해 최근에는 뇌 과학에 이르기까지 사람의 특성을 연구해왔습니다. 그 결과도 다양해서 상담은 물론 취업과 진로 지도, 그리고 부부 관계에 걸쳐 방대하게 적용되고 있습니다. 그 종류가 나무나 많아서 어느 하나를 특정하기가 쉽지 않지만 여기에서는 누구나 쉽게 활용할 수 있는 네 가지 행동 유형을 중심으로 설명하고자 합니다. 물론 이런 분류 기법이 아이들을 판단하고 편견을 조장하는 데 사용되어서는 안 될 것입니다. 다만 다양한 아이들을 획일적으로 응대하는 것에서 벗

어나 조금 더 원활하게 소통하고 보다 유연하게 대하는 수단으로 활용되
길 바랍니다.

서로 다른 우리, 어떻게 조화를 이룰 것인가?

아이들을 관찰해보면 공부하는 방식이
나 친구들과 어울리는 모습에서 각각
확연히 차이가 나는 것을 발견할 수 있
습니다. 행동양식의 차이 말입니다. 이것은 누가 우수하고 열등하고의 문
제가 아닙니다. 그저 서로 다른 것뿐입니다. 이제부터 이런 차이를 통계적
으로 분류해 각각의 특성에 맞게 대응하는 데 도움이 되는 내용을 살펴보
고자 합니다.

아이들이 그러한 차이를 나타내는 기준은 크게 '표현의 방식'과 '개인의
추구 성향'으로 나눠볼 수 있습니다. 표현의 방식이란 그 사람이 생각하고
느낀 바를 언어든 행동으로든 다른 사람에게 어떻게 표현하는가 하는 것
입니다. 이 방식에서 보면 직접적으로 표현하는 사람이 있는가 하면 간접
적으로 표현하는 사람이 있습니다. 외향적인 사람은 하고 싶은 말이나 생
각을 감추지 못합니다. 상대방이 어떻게 생각할까 고민하면서 망설이지
않습니다. 공연한 걱정도 안 합니다. 곧바로 자신의 생각을 표현합니다. 하
지만 내향적인 사람은 다릅니다. 하고 싶은 말이 있어도 한 번 더 생각합
니다. 상대방이 혹시 어떻게 생각할지 고민하고, 망설이는 시간이 많습니
다. 신중할 수도 있지만 조금 느리다는 느낌을 줍니다.

개인의 추구 성향은 관계 중심적인 사람과 일 중심적인 사람으로 나눌 수가 있습니다. 관계 중심적인 사람은 다른 사람과의 관계를 중시합니다. 그리고 일 중심적인 사람은 인간관계보다는 일을 더 중요시합니다. 사람이 일을 하다 보면 성과를 내는 데 사람과의 관계가 걸리는 경우가 있습니다. 이런 경우에 관계 중심적인 성향의 사람은 일을 미루더라도 다른 사람과의 관계를 우선시하는 결정을 내립니다. 반면 일 중심적인 사람은 다른 사람이 마음에 좀 걸리더라도 성과를 내는 부분에 초점을 두고 결정을 내립니다.

표현의 방식과 개인의 추구 성향, 이 두 가지 기준을 큰 축으로 두고 네 가지의 간단한 행동유행으로 분류할 수가 있습니다. 이 행동 유형의 특징을 다양한 각도에서 살펴보면 세상을 살면서 부딪칠 수 있는 여러 상황에 도움이 됩니다. 당연히 아이들의 유형별 특성을 찾아보고 행동 방식을 관찰하여 보다 적합한 응대 방식을 발견할 수 있을 것입니다.

네 가지 유형이란 바로 관계형, 사교형, 주도형, 사색형을 말합니다. 이제부터 각각의 행동 유형에 대해 세부적인 특징을 살펴보면서 적용 가능한 포인트를 짚어보도록 하겠습니다.

우선 각각의 유형별 장점과 단점을 살펴보겠습니다. 어느 유형이나 장점도 있고 단점도 있기 마련입니다. 장점을 잘 활용하려면 장점을 알아야 합니다. 그리고 단점도 알아야 합니다. 그래야 단점을 보완하고 실수를 줄일 수가 있습니다. 또한 각 유형별 특징을 삶의 여러 측면에서 다루어 자연스럽게 상대방의 유형을 파악할 수 있도록 도울 것입니다. '어느 유형이

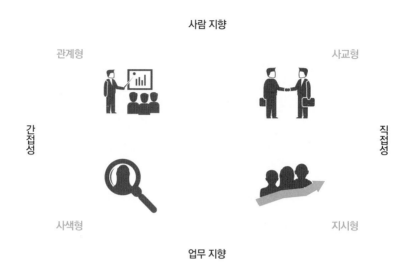

〈인간의 행동 유형 4가지〉

가장 좋은 유형인가?'라는 질문은 잘못된 것입니다. 앞에서도 말씀 드린 바와 같이 어떻게 다른가를 구별하기 위함이 가장 큰 목적이며, 어떻게 조화를 이루도록 할 것인가가 그다음 목적입니다.

먼저 관계형은 가장 큰 특징이자 강점으로 착하다는 것을 들 수 있습니다. 흔히 주변에서 법 없이도 살 사람이라고들 말합니다. 남을 배려하는 마음이 가장 두드러진 유형입니다. 조직에서도 팀워크를 유지하는 데 가장 좋은 유형입니다. 웬만하면 싫다는 말을 잘 안 합니다. 행동이 조용하고 온순한 경우가 많습니다. 진지하고 꾸준한 면이 강하다고 할 수 있습니다. 말이 많지 않은 편으로, 말을 할 경우에도 얌전하게 말합니다. 그런데 이런 점이 너무 지나치면 바로 그것이 약점이 됩니다. 가령 조직에서 일을 추진하는 데 있어서 이런 유형의 성향이 너무 지나치면 추진력에 문제가 있다고 평가받습니다. 우유부단하다고 말하기도 합니다. 너무 남을 의식하다 보면 과민 반응을 보이는 일도 있습니다. 그래서 명확한 목표 설정을 통해 일을 추진하기에는 부적합하다는 평가를 받기도 합니다.

의사 결정을 하는 방식에 있어서도 특징이 있습니다. 다른 사람들의 의견을 충분히 수렴하고 남들은 어떻게 하는지 살펴본 이후에 결정하는 편입니다. 자연히 의사 결정의 속도가 느립니다. 그런데 다른 사람의 경우나 다른 사례를 들어서 설명하면 설득이 잘 되는 유형입니다.

이런 유형의 가치관을 들여다보면 안전 지향적인 면이 강합니다. 빠르게 움직이고 변화에 적응하기보다는 여유를 갖고 천천히 움직이기를 선호합니다. 따라서 새로운 일에 도전적이기보다는 안전성을 우선시하는 경향이 있습니다. 새로운 환경에 낯설어하고 어색해합니다. 그래서 가능하면 익숙한 환경에 노출되기를 좋아합니다. 하던 일에 변화가 생기기보다는 늘 하던 익숙한 일이 좋습니다.

이 경우 조금은 보수적인 부분이 강하다고 할 수 있습니다. 관계형의 아이는 주위 사람들과 무난하게 좋은 관계를 맺으면서 잘 지내기도 하지만, 왕따를 당하거나 문제가 생겼을 때 누구에게 쉽게 털어놓지 못하고 속으로 끙끙 앓는 경우가 많습니다. 그리고 너무 도전적인 과제를 주고 열정적으로 대하면 심적으로 많은 부담을 느끼고 괴로워할 가능성도 있습니다.

한편 사교형은 아이디어가 풍부하고 활동성이 강하다는 강점이 있습니다. 다른 사람과의 교류에 있어서 가장 친화력이 뛰어난 유형입니다. 낯선 환경에서도 가장 먼저 사람을 사귈 수 있습니다. 감정이 풍부하고 표현력이 좋아서 설득력이 뛰어납니다. 학교에서 아이디어 회의를 하면 가장 먼저 제안을 하고 참여하는 유형입니다. 다른 사람의 기분을 좋게 하는 능력도 뛰어납니다. 그래서 주변 동료들에게 늘 점수를 따는 편입니다. 소풍이나 모임에서도 항상 인기를 한 몸에 받습니다. 본인도 그런 자리를 빠지지 않고 참여하지만 친구들에게도 항상 초대를 받습니다.

　물론 약점도 있습니다. 아이디어가 많은 반면 깊이가 없다는 단점이 있습니다. 생각은 많은데 충동적이라는 말을 듣기도 합니다. 주의가 산만한 경우가 많습니다. 그래서 오래 집중하는 것이 어렵습니다. 감성이 풍부하지만 그 때문에 감정적이 되기도 합니다. 그래서 일단 감정이 상하면 이성적으로 대처하는 능력이 현저하게 떨어집니다.

　자신이 속한 집단이나 공동체에서 자신의 위치를 확인하고 인정받는 데 유달리 민감합니다. 그래서 이런 유형의 사람은 남들이 자신을 어떻게 평가하는지에 매우 관심이 많습니다. 조직에서 소위 왕따를 당하는 것에 가장 거부감을 나타내는 유형입니다. 자신을 소외시키고 자기들끼리만 모이는 것을 못 참는 것입니다.

　자신의 존재감을 조직에서의 소속감에서 찾으며 체면을 중시하는 유형입니다. 말도 빠르게 하는 편이며, 특히 제스처가 많고 표정과 언어 표현이 풍부합니다. 대화를 할 때에는 가만히 있지 못하고 손짓을 많이 사용합니다. 상대방과의 신체 접촉도 자주 합니다. 상대방의 손을 잡거나 어깨를

건드리는 등의 행동을 자연스럽게 하는 것입니다. 웃을 때에도 꽤 큰 동작으로 시원스럽게 웃고, 손뼉을 치는 등의 행동을 잘합니다.

그다음으로 주도형의 가장 두드러진 강점은 바로 추진력이 강하다는 것입니다. 행동이나 말을 직접적으로 하는 성향인 데다가 성과 중심의 가치관을 가지고 있어서 강력한 돌파력으로 일을 추진합니다. 그만큼 일의 진행 속도도 빠르고 주도적인 판단하에 의사 결정을 내립니다. 누군가에게 의사표현을 할 때에도 주저함이 없습니다. 거침없이 큰 목소리로 시원스럽게 이야기합니다. 뜨거운 열정과 책임감은 다른 유형에서는 보기 힘든 면입니다.

도전을 두려워하지 않는 성향이라서 변화의 상황에 직면해도 뚝심 좋게 일을 추진합니다. 과감한 결단성을 보이며 앞서 나가는 점에서 다른 사람들의 모범이 되는 유형입니다. 자기주장이 강해 의사표현을 명확하고 직접적으로 합니다. 결단력이 강하고 리더십을 발휘하는 데 적극적입니다. 그런데 이런 적극성이 지나치면 약점으로 변합니다. 자기주장이 지나치면 남을 무시하는 언행으로 간주될 소지가 다분합니다. 다른 사람을 배려하지 않는다는 평가를 받기도 합니다. 지나친 자신감과 적극성이 교만함으로 비춰질 수가 있기 때문입니다. 다른 사람의 의견을 경청하지 못하고 자기주장을 내세우다 보면 독선적으로 보일 수도 있습니다.

의사 결정이 신속한 반면, 성급하게 결론을 내려서 결과가 좋지 않은 경우도 생깁니다. 그리고 자신의 열정의 크기로 다른 사람을 대하기 때문에 때로는 너무나 과도한 요구나 지시를 내리기도 합니다. 이런 경우 사람들에게서 원망의 소리가 나오게 됩니다.

위험에 직면했을 때 오히려 과감하게 대응하는 스타일이라서 때로는 지나치게 위험한 상황에 처하기도 합니다. 관계적인 부분보다는 성과적인 부분을 중시하는 스타일 때문에 사람을 무시한다는 평가를 받기도 합니다. 다른 사람을 질책할 경우에 주위의 시선을 고려해 당사자만 있는 자리에서 나무라면 좋은데, 주도형은 주위 사람들에게 모두 들릴 만큼 커다란 목소리로 질책을 합니다. 그러나 질책이 오래 가지는 않습니다. 금방 돌아서서 잊어버리고는 아무 일도 없었다는 듯이 "밥이나 먹으러 가자"고 말하기도 합니다. 그래서 자신들은 뒤끝이 없다고 말합니다. 하지만 상대방은 크게 상처받을 수도 있습니다.

끝으로 사색형은 그 명칭에서도 쉽게 연상할 수 있듯이 생각이 많습니다. 감정적이기보다는 논리적인 사람입니다. 당연히 즉흥적인 부분이 없고 철저히 논리적이며 신중한 스타일입니다. 가장 두드러진 강점으로는 실수가 적고 꼼꼼하다는 점을 들 수가 있습니다. 분석력이 뛰어나서 어떤 일을 하더라도 대충하는 법이 없습니다. 원인과 결과를 연결하여 논리적이고 분석적으로 해석하는 능력이 탁월합니다. 말 한마디를 하더라도 몇 번이고 생각을 정리한 다음에 철저한 근거를 바탕으로 신중하게 합니다. 자연히 말수가 적습니다. 말을 해도 필요한 말만 하며, 불필요한 수식어는 거의 사용하지 않는 편입니다. 간단명료하게 표현하는 스타일이라서 조금은 건조한 편이지만, 실수가 적고 분명한 근거를 제시하는 똑 부러지는 화법을 구사합니다.

정리정돈을 잘하는 점도 강점입니다. 책상 정리를 하는 모습만 보아도 사색형은 표시가 납니다. 누가 보아도 깔끔하게 정리된 모습이기 때문입니다. 또한 절제력이 강한 스타일입니다. 자기 관리가 남 다르게 철저하며, 일을 추진하는 데 있어서 계획을 수립하는 능력과 문제해결능력이 뛰어난 편입니다. 과정을 중시해 결과보다도 절차를 철저히 따지는 특징을 가집니다.

제 경험에 비추어보면 연구직에 있거나 엔지니어 분야의 사람 가운데 사색형이 특히 많이 분포되어 있었습니다. 아무래도 하는 일이 분석적이고 감성보다는 논리와 근거를 중시하는 특성이 있기 때문입니다. 모두가 그런 것은 아니더라도 직업과 행동 유형의 연관 관계는 밀접할 수밖에 없습니다.

사색형의 약점으로는 지나친 완벽주의 성향 때문에 다른 사람을 잘 못 믿는 경향이 강하다는 것입니다. 일을 시켜놓고도 수시로 점검해야 직성이 풀립니다. 그래서 직장에서 윗사람이 지나치게 사색형인 사람이라면 아랫사람이 피곤할 수 있습니다. 보고서를 제출해도 오탈자 하나하나를 살피고 체크하면서 구체적인 사례나 숫자로 나타내는 것을 좋아합니다. 그러다 보니 보고서의 분량이 많아지는 경향이 있습니다. 지나친 검토는 자연히 업무 추진 속도를 저하시킵니다. 그리고 남들의 평가나 비판에 민감하므로 과감하게 도전을 하지 못합니다. 자신이 철저한 만큼 남들도 철저하기를 바라면서 기대에 못 미치면 비판을 가합니다. 인간관계에서 너무 모가 나 있다는 평을 듣기도 합니다.

아이의 성향에 맞게 접근하라

아이들과 대화를 나눌 때에도 각각의 성향을 고려해 상대하면 소통이 보다 원활해집니다. 똑같은 말을 하더라도 어떤 식으로 하느냐가 매우 중요합니다.

관계형에게 주도형의 스타일로 대한다면 원활한 소통이 불가능해집니다. 관계형의 아이에게는 인간적인 부분의 공감대를 먼저 형성하는 말로 시작하는 것이 좋습니다. 날씨나 취미 등의 화제로 이야기를 풀어가다가 아이과의 교감이 충분히 이루어졌다고 생각될 때 본론으로 들어가면 신뢰도가 높아집니다. 아이는 미처 준비가 안 되었는데 상대방이 다짜고짜 '결론적으로 말하자면 이것입니다'라는 식으로 말을 하면 공격당하는 듯한 느낌을 받게 됩니다. 너무 밀어붙이지 말고 따뜻함을 전달하는 것이 중요합니다. 그리고 다른 사례를 예로 들면서 안심하고 결정해도 된다고 믿음을 주는 것이 좋습니다. 관계형의 경우 안전 지향적인 성향이 강하기 때문입니다. 칭찬을 할 때에는 대체로 인간미를 강조하면 좋아합니다.

주도형은 이와는 정반대입니다. 본론으로 들어가기 전에 장황하게 이야기를 늘어놓거나 주변적인 이야기를 하면 주도형의 아이는 기다리지 못하고 말을 끊습니다. "잠깐, 그래서 하고 싶은 말이 뭔데요?" 하고 결론을 재촉할 것입니다. 주도형의 아이에게는 자신감 있는 목소리로 시원시원하게 결론을 먼저 말하고 나서 그 이유와 방법 등에 관한 세부적인 내용을 뒤이어서 설명해야 합니다. 설령 잘못한 일을 말하는 자리라도 상대방이 주도형이라면 머뭇거리기보다는 당당하게 잘못을 인정하고 용서를 구하는 자신감 있는 모습을 보이는 것이 효과적입니다. 칭찬을 할 때에는 성과와 추진력을 치켜세워주면 좋아합니다.

　사교형과 대화를 할 때에는 감정을 잘 다독여주어야 합니다. 사교형의 아이는 아무리 옳은 말이라도 감정이 닫힌 상태에서는 이성적으로 받아들이지 않습니다. 일단 기분이 나쁘면 상대의 말을 듣지 않는 것입니다. 가능하면 칭찬을 통해 아이를 인정해주고 규정에 너무 얽매이지 말고 편안하게 이야기를 전개해나가는 것이 좋습니다. 이때 주의할 점은 주제와 동떨어진 길로 접어들지 않도록 항상 집중해야 한다는 것입니다. 사교형은 풍부한 상상력과 표현력으로 어느샌가 엉뚱한 이야기로 방향을 바꾸기 때문입니다. 한번 샛길로 빠지면 다시 본 주제로 돌아오기가 대단히 힘이 듭니다. 또 칭찬을 할 때에는 독창적인 아이디어를 인정해주면 좋아합니다.

　사색형에게는 항상 근거를 구체적으로 제시해야 합니다. 가령 교재나 메일 자료 등을 활용해 보여주면서 대화하는 것이 좋습니다. 추상적인 단어는 가급적 피하고 '서론-본론-결론'의 순서로 차분하게 이야기해야 합니다. 감정이 앞서서 덜렁거리면 오히려 신뢰를 떨어뜨릴 수 있습니다. 사색형의 아이는 의외로 논리적이고 체계적인 설명을 선호합니다. 인간적인 관점에서 말하기보다는 규정이나 원칙 등을 근거로 말하기를 원합니다. 의사 결정에 있어서도 너무 재촉하지 말고 충분히 검토하고 따져볼 수 있도록 해야 합니다. 칭찬을 할 때에는 논리성과 준비성을 강조하면 좋아합니다.

　장기적이고 포괄적인 인성교육을 위해서는 아이들의 성향을 분석하고 거기에 적합한 접근 방식으로 다가가려는 노력이 필요합니다. 신뢰 관계가 인성교육에 굉장히 큰 영향을 미치기 때문입니다. 검증된 기관의 진단지를 활용해 아이들의 특성을 서로 공유하고 체험하게 하는 수업 방식도 효과가 있습니다. 무엇보다도 평소에 관심을 갖고 분석하는 것이 가장 정확하므로 꾸준하고 일관된 자세로 아이들의 성향을 관찰해볼 것을 제안합니다.

인성교육을 실천하는
다양한 방법

프랑스의 어느 가난한 청년이 아버지가 돌아가신 후에 아버지의 친구를 찾아가서 일자리를 부탁했습니다. 아버지의 친구는 청년을 돕고 싶은 마음에 여러 가지 질문을 했습니다. 잘하는 분야가 무엇인지 알아야 적당한 일자리를 주선해줄 수 있었기 때문입니다. 그런데 그 청년은 그 어떤 것도 잘한다고 대답하지 못했습니다. 답답해진 아버지의 친구는 종이를 주면서 연락처나 써놓고 가라고 말했습니다. 그리고 잠시 후, 청년이 사무실을 나가려는데 아버지의 친구가 청년을 불러 세우며 말했습니다.

"자네, 글씨를 참 잘 쓰는군. 이 장점을 살려서 일을 해보면 좋겠어."

그분의 말을 듣고 청년은 깜짝 놀랐습니다. 글씨가 장점이 될 줄은 몰랐던 것입니다. 결국 이 청년은 잘 쓰는 글씨로 멋진 글을 써보자고 마음먹고 작가가 되었는데, 그가 바로 프랑스의 자랑인 알렉산드르 뒤마입니다.

그가 쓴 『삼총사』, 『몬테크리스토 백작』 등은 지금도 세계적인 작품으로 널리 읽히고 있습니다.

**인성교육의 시작,
강점을 찾아주어라**

아이들에게 자신이 무엇을 잘하는지 스스로 생각하고 찾아보게 하는 것은 인성교육의 시작입니다. 요즘 아이들뿐만 아니라 청년들도 자신의 강점과 적성을 찾지 못해 애를 먹고 있는데, 내가 누구이며 어떤 사람인지 생각하는 훈련이 필요합니다. 스스로 자신을 들여다보고 생각하는 시간이 없는데 어떻게 자신에 대해 잘 안다고 할 수 있으며, 어떻게 미래의 삶을 계획하겠습니까?

가장 간단한 방법은 그동안 살아오면서 했던 경험 가운데 자신을 잘 나타낼 수 있는 일들을 떠올리며 단어로 모두 표현해보도록 하는 것입니다. A4 용지 위에 생각나는 단어들을 최대한 많이 적게 해보고, 그 단어 가운데 자신의 강점과 단점이 되는 것을 구분해서 정리하도록 합니다. 이유나 설명을 덧붙이지 말고 그냥 생각나는 대로 많이 적어서 정리하게 하는 것입니다. 정리가 되면 같은 조원이나 짝꿍과 비교하고 공유하도록 합니다. 이런 과정을 통해 놓치고 있었던 자신의 강점과 단점을 확인하고 어떻게 개선하고 강화해 미래의 삶에 도움이 되게끔 할 것인지를 생각해보는 것입니다.

구분	하고 싶은 일	되고 싶은 것	가고 싶은 곳
1	1년	10년	3년
2			
3			
4			
5			

〈미래에 대한 설계 도표〉

이 활동과 연계하여 미래에 대한 설계를 해보는 것도 좋습니다. 하고 싶은 일, 되고 싶은 것, 가고 싶은 곳 등으로 구분한 도표를 만들어주고 내용을 채워보게 하는 것입니다. 각 영역별로 다섯 개 이상을 쓰도록 하고 다 쓰고 나면 언제쯤이면 이루어질 것인지 예상해서 써보도록 합니다. 이렇게 하고 결과를 비교하면서 가장 많이 나온 내용이나 가장 특별하다고 생각되는 것을 찾아보기도 하면서 상호 공유하는 시간을 갖습니다. 그리고 달성 기한을 비교하면서 단기적인 내용이 많은지, 장기적인 내용이 많은지 검토하여 미래 설계의 균형을 잡아주는 과정도 필요합니다. 너무 단기적인 내용만 있다면 좀 더 멀리 보는 안목을 갖출 필요가 있는 것이고, 반대로 너무 장기적인 내용만 있다면 좀 더 단기적인 현실을 바라보게 도와주어야 합니다.

감정조절능력을 길러 인격자로 거듭나는 방법

학급 전체를 대상으로 일상적인 학교생활을 통해 인성에 좋은 영향을 주도록 제도화하는 방법도 있습니다. 아이들에게 반드시 가르치고 훈련시켜야 하는 일 가운데 하나는 감정조절능력을 기르도록 하는 것입니다. 이것은 어른들에게도 쉽지 않은 일이라서 우리 사회는 어느덧 분노 사회가 되어버린 느낌입니다. 어려서부터 자신의 감정을 적절히 인식하고 조절하는 법을 익히면 성인이 되어서도 성숙한 인간관계를 형성할 수 있습니다. 사회생활에서 능력은 인정받았어도 감정을 조절하지 못해 낭패를 보는 일이 너무나 많은 현실을 감안할 때 꼭 필요한 일입니다.

먼저 감정과 행동의 구분이 중요하다는 것을 알려주는 단계부터 시작해야 합니다. 사람에게는 누구나 감정이 있습니다. 어떤 상황에서 감정을 느끼는 것은 나쁜 것이 아닙니다. 화가 난 상황에서 기분이 나쁘고 속이 상하는 감정 상태가 되는 것 자체가 나쁜 것은 아니라는 것입니다. 그런데 감정을 느꼈다고 그 감정을 그대로 발산하는 것은 다른 문제입니다. 비록 화가 난 감정이라도 행동은 다르게 할 수 있어야 성숙한 인격인 것입니다. 분노의 감정은 정상적인 것이고 나쁠 게 없지만, 분노의 표출은 문제를 야기하기 때문에 구별해야 하는 것임을 알려주어야 합니다. 화가 난다든지 부정적인 감정 상태가 되면 '정지stop – 생각think – 선택choose – 피드백feed back'의 순서로 감정을 다스리는 것이 효과적입니다.

가장 먼저 할 일은 화가 나더라도 즉시 반응하거나 말하지 않는 것입니다. 일단 잠시 숨을 참거나 심호흡을 합니다. 심호흡이 별것 아닌 것 같아도 순간적으로 뇌에 산소를 공급하면서 자제력을 회복하게 되는 놀라운 효과를 줍니다. 그다음에는 스스로 생각하는 것입니다. '지금 과연 이 방법밖에 없는가', '내가 왜 화를 내려는 것인가' 등의 질문을 속으로 던지며 어떻게 표현하거나 행동하는 것이 좋을지 생각하고 선택하는 것입니다. 짧은 순간이지만 우리는 오만 가지 생각을 할 수 있습니다. 그렇게 선택한 말이나 행동을 하게 되면 순간의 분노로 이성을 잃고 행동할 위기를 넘길 수 있습니다. 이런 과정을 반복해서 경험하면 그렇게 어렵지 않게 상황에 대처하는 능력을 갖게 됩니다. 이런 능력을 갖추고 보여주는 사람을 인격자라고 하는 것입니다. 마지막으로 자신의 감정을 다스리는 성공의 경험을 되새기면서 잘한 점과 더 보완할 점을 정리해보면 훨씬 더 많은 것을 배울 수가 있습니다.

아이들에게 이런 기본적인 기술을 가르치고 연습하게 한 다음 학급 벽면에 감정 표지판을 설치하여 각자의 이름 옆에 등교 시간과 오후 시간에 약속된 스티커를 붙여서 자신의 감정 상태를 알려주도록 하면 좋습니다. 파란색은 좋은 감정 상태, 빨간색은 화난 감정 상태, 노란색은 우울한 감정 상태, 보라색은 슬픈 감정 상태 등으로 간단히 구분하여 표시하면 아이들이 수시로 감정 표지판을 보면서 상대방의 감정을 알 수 있기 때문에 섣불리 감정을 거스르는 행동을 안 하게 됩니다. 상호 감정을 존중하고 신중하게 행동하는 것으로도 감정 때문에 발생할 불상사를 방지하는 데 도움이 됩니다. 또한 친구들의 감정에 따라 위로와 도움을 주는 일들을 할 수도 있습니다.

감정 표지판 옆에 감정 단어판을 함께 설치하면 더욱 효과적입니다. 감정을 나타내는 단어들을 작은 카드에 써서 종류별로 구분해 붙여두는 것입니다. 그 판을 보면서 아이들은 감정의 다양함을 배우고, 감정의 변화에 신속하고 올바르게 반응할 준비를 하게 됩니다. 감정의 다양성에 익숙한 사람은 그렇지 못한 사람에 비해 상대방의 감정에 적절히 대응하는 능력이 뛰어난 법입니다.

아이들이 감정의 종류를 보면서 같은 감정도 서로 다른 종류로 인식할 수 있음을 배우는 장점도 있습니다. 예컨대 '짜증나다'라는 감정이 누구에게는 단지 불편한 감정일 수 있지만, 누구에게는 매우 불쾌한 감정일 수도 있다는 것을 아는 것은 인간관계를 형성하는 데 있어 매우 중요합니다. 상대방은 자신이 생각하는 것과 전혀 다르게 생각하고 있다는 것을 알아야 신중하게 배려할 수 있는 것입니다. 내 생각이 전부는 아니라는 사실을 깨닫는 것도 성장 과정에서 꼭 필요한 일입니다.

감정 단어나 감정 상태를 묘사하면서 빙고 게임을 할 수도 있습니다. 혹은 스무고개나 스피드 퀴즈, 그리고 인터넷을 활용하면서 감정을 나타내는 유사 단어 많이 찾기 등의 게임도 가능합니다. 감정 단어를 제시하고 가장 어울리는 상황을 만들어보는 활동도 재미있고 유익한 시간이 될 것입니다. 아이들이 감정에 대해 깊이, 많이 알수록 자신과 타인의 감정을 소중히 여기며 감정을 조절하는 능력을 향상시킬 수 있습니다. 인성교육에서 감정을 다스리고 감정과 행동을 구분하는 것만 가르쳐도 나머지 일들은 훨씬 수월해질 것입니다.

**인성교육의
여러 가지 방법
|**

토론 배틀을 통해 아이들에게 인성 덕목을 적용한
삶의 모습을 체득하도록 하는 것도 좋은 방법입니다.

예를 들어 정직이나 존중 등의 인성 덕목 하나를 선
정해 학급을 두 편으로 나눈 다음 서로 상반된 주장을 펴는 토론 배틀을 펼
치는 것입니다.

가령 '정직'이라는 덕목을 실천하고 적용했을 때의 긍정적인 면을 옹호
하는 팀과 부정적인 면을 주장하는 팀으로 나눠 팀 토론 형식으로 진행하
는 것입니다. 일률적으로 발언의 순서를 정하지 않고 그냥 팀으로 나눠 진
행하므로 자율적으로 순서를 정하거나 상황에 맞는 의견 또는 근거를 가
진 아이가 나서도록 유도할 수 있습니다.

물론 사전에 주제를 고지하여 충분히 논거를 준비하고 팀별로 자체적인
모임을 가져서 연습하고 전략을 세우도록 시간을 준 다음 시행해야 합니
다. 이런 과정을 통해 아이들은 자연스럽게 하나의 덕목에 상반된 면이 존
재한다는 사실을 깨닫고, 서로 다른 관점에서 바라보면 상대방의 입장과
행동이 자신과 어떻게 다른지 느끼게 됩니다. 하나의 정답만이 존재하는
것이 아니라 관점과 상황에 따라서 얼마든지 다양한 각도로 볼 여지가 있
음을 배우는 것입니다.

교사가 군이 정답을 알려주려고 할 필요도 없습니다. 세상에는 정답만
이 존재하는 것이 아니며, 다양한 모범 답안을 찾고 만드는 과정이라는 것
을 알게 하면 됩니다. 이런 프로그램은 아이들의 발표력과 진정한 소통능
력을 길러주는 데 매우 유익합니다. 자신의 생각을 설득적으로 표현하고

상대방의 의견을 경청하며 대응하는 모습에서 사회성과 다양성을 배우는 것입니다. 또한 논리와 감정을 활용해 자기주장을 뒷받침하는 준비 과정에서 스스로 그 덕목을 깊이 있게 학습할 수 있습니다.

외부 활동과 연계하는 방법도 있습니다. 별도의 시간을 활용해 특정 직업군을 찾아가서 탐방하고 조사하는 방법입니다. 직업 탐구 활동과 유사하다고 볼 수 있겠지만 여기서는 인성에 초점을 맞추는 것입니다. 그 지역의 소방관을 찾아가서 그들의 일상적인 업무를 들여다보고 훌륭한 업무 수행을 위해 필요한 인성 덕목이 무엇인지 조사하는 식입니다. 현업에 종사하는 분들의 실제 경험과 사례를 통해 인성 덕목이 수업 내용으로만 존재하는 것이 아니라 현실적으로 잘 발휘되어야 하는 당위성을 배우는 시간이 될 수 있습니다.

소방관, 의사, 경찰, 군인, 환경미화원, 경비원, 우체부, 판매원, 요리사 등의 다양한 직업군을 선정해 아이들의 선호도에 따라 조별로 할당하여 탐방하고 조사하는 방식이 좋습니다. 조사 결과는 일정한 양식에 따라 정리해 나중에 함께 공유하고 각자의 소감을 들어보는 시간을 가져보면 효과적입니다.

가끔은 실제 주인공을 초빙해 특강 형식으로 더 자세한 이야기를 들어보는 시간을 마련할 수도 있습니다. 이런 활동은 미래의 직업에 대한 살아 있는 정보와 현실적인 이야기를 접하는 소중한 기회도 되면서 그 직업에 있어서 인성의 역할과 중요성을 '생생 정보통신'으로 듣는 이점이 있습니다. 명확한 목적과 구체적인 방법으로 진행하면 형식적으로 대충 어디에 가서 보고 오는 정도의 직업 탐방과는 비교도 안 될 만큼 좋은 학습이 될 것입니다.

요즘 아이들의 컴퓨터 친화적인 성향을 고려한 활동도 재미있게 진행할 수 있습니다. 인성 덕목 가운데 하나를 선정해 주제를 분석하고 관련된 사회 현상을 취재 형식으로 자료를 만들어 짧은 뉴스나 다큐멘터리 형식으로 동영상을 제작하는 것입니다. 조별로 주제와 역할을 나누어 반 전체가 일정 기간 동안 외부 탐방과 취재 및 연출을 통해 의미 있는 리포트 형식의 영상물을 제작해 전체 시사회를 개최하는 방식입니다. 자신들이 직접 참여하고 기획해 제작하는 과정 속에서 아이들은 주제의 본질과 바람직한 모습을 온 몸으로 인식하고 체득할 수 있습니다.

이 활동은 학년 전체가 참여하여 반별로 우수작품을 평가해 선정하고, 다시 학년 전체가 시사회를 열어서 학급별 최우수 작품을 선정하는 것도 선의의 경쟁과 도전을 통한 좋은 경험이 될 것입니다. 혹은 인성 덕목별로 한 가지씩 우수 작품을 선정해 학교 전체가 공유하고 나누며 감상 소감을 독후감 형식으로 정리해 인성 덕목 감상평 문집으로 남기는 것도 좋은 방법입니다. 아이들이 스스로 기자나 PD가 되어 그들의 입장에서 인성 덕목을 분석하고 취재하는 재미가 일단 큽니다. 그리고 영상과 문집으로 자료가 남으니까 다음 학년의 참고 자료 및 교육 자료로 활용이 가능한 장점도 있습니다.

　마지막으로 가정에서 접목할 수 있는 방법도 있습니다. 아이들에게 '내가 만약 부모가 된다면'이라는 주제를 주고 자신이 부모가 되어 자녀를 양육하고 가정을 이끈다면 어떤 가훈을 만들고 어떤 핵심가치를 만들 것인지 생각해 그림과 글씨로 표현한 다음 액자에 넣어 제작하도록 하는 것입니다. 이때 부모 및 가족들과 상의하고 자신의 의도와 생각을 공유하도록 하면 좋습니다. 그리고 그동안 자신이 가정에서 느꼈던 강점과 보완할 점을 중심으로 대화를 나누어 왜 자신의 가훈과 핵심가치가 이렇게 나왔는지 설명하도록 하는 것입니다.

　무엇인가 과제를 억지로 한다는 느낌이 들어서는 안 됩니다. 아이의 시각에서 자신의 가정을 바라보는 관점을 확인하고, 가족과 의견을 나누는 과정에서 상호 소통하고 공감하는 기회를 만드는 것이 중요합니다. 그리고 나름의 생각을 정리하도록 가족들의 지원과 도움이 긍정적인 역할로 작용해야 합니다. 그런 과정을 거쳐서 아이의 생각이 그림과 문자로 표현되어 가훈으로 정리되고 핵심가치로 나타나면 누구보다도 가정의 소중함과 부모의 역할, 인성과의 관련성을 가정을 중심으로 체험하게 될 것입니다. 또한 모든 사회의 기초가 가정임을 깨닫고, 가정의 기초를 튼튼히 하면서 학교와 사회생활이 이어진다는 사실을 깨닫는 계기가 될 것입니다. 스스로 만든 가훈 액자를 보면서 수시로 자신의 삶을 다잡는 계기도 될 것입니다.

　인성교육의 시작은 바로 가정입니다. 그리고 그 완성도 결국 가정에서 이루어지는 것입니다. 예로부터 군사부일체君師父一體라고 했습니다.

인성교육에서도 국가와 학교, 그리고 가정이 반드시 일체가 되어야 합니다.

인성을 길러주는 것이
진짜 교육이다

"많은 사람들은 지식을 가지고 잠시 성공한다. 몇몇 사람들은 행동을 가지고 조금 더 오래 성공한다. 그런데 소수의 사람은 인격을 가지고 영원히 성공한다."

미국의 저명한 리더십의 권위자 존 맥스웰 박사의 말입니다. 인공지능의 여파로 미래의 직업에 대한 희비가 엇갈리는 가운데 인간의 운명을 걱정하는 목소리가 높아지고 있습니다. 하지만 분명한 사실은, 인간성이라는 것은 그 어떤 기술로도 복제나 생성이 안 된다는 것입니다. 인간이 인간다움을 간직하고 발전시킨다면 그 어떤 위협도 걱정할 것이 없다는 말입니다.

새 학기가 시작되면 신입생을 둔 부모들은 걱정이 태산입니다. 아이가 학교에서 적응을 잘할까, 왕따를 당하지는 않을까, 다른 아이에게 상처받지는 않을까 등등. 온갖 고민거리가 부모들의 마음을 어지럽게 합니다. 어떤 스피치 학원의 경우에는 전체 수강생의 30퍼센트가 초등학교 1학년이랍니다. 아이가 발표할 때 주눅 들지 않도록 학원에 보낸다는 것입니다. 낯선 친구들과 어울리는 것이 부담되어 꾀병을 부리며 학교에 가지 않겠다고 해서 엄마와 갈등을 빚는 아이도 있습니다. 그런 경우 아이를 연기 학원에 보내 숫기를 키워주려고 한답니다. 친구 사귀기가 늘 걱정이던 한 초등학생은 친구들의 관심을 끌기 위해 급기야 학원에서 3분짜리 마술을 배우면서 기술을 익혔다고도 합니다.

한국교육개발원에 따르면 학교교육지원센터Wee센터를 찾은 초·중·고생이 2월에는 2만 5천 명 수준이었는데, 새 학기가 시작된 3월에는 무려 18만 명으로 급증했다고 합니다. 이렇게 사회성이 부족해 새로운 환경에 적응하지 못하는 아이들로 마술학원, 연기학원, 스피치학원이 붐비고 있습니다. 아이들의 사교성을 핑계로 사교육이 또 판을 치는 것입니다. 대인관계와 자신감을 위해서라지만 인성교육까지 사교육에 의지하고 있는 현실이 너무나 안타깝고 걱정스럽습니다.

지금은 어른들도 살아가기 힘든 시대입니다. 경쟁은 날로 치열해지고 그 정도가 심해지는데 앞으로 우리 아이들이 어떻게 살아갈지 부모로서 걱정되지 않을 수가 없습니다. 그래서 자신의 노후를 준비할 겨를도 없이 아이들에게 올인 합니다. 최대한의 스펙을 쌓게 해주고, 학교에서나 사회에서 힘든 일이 생겼을 때 발 벗고 나서서 해결해주지 않으면 부모 노릇을 잘 못한다고 자책합니다.

헬리콥터 맘, 드론 맘이 나오더니 이제는 컬링 맘까지 나왔습니다. 얼음 위에서 하는 컬링 경기를 보면 컬링이 잘 나가도록 앞서가며 얼음을 싹싹 문질러 길을 만들어줍니다. 이제는 부모가 아이를 위해 그렇게까지 합니다. 하지만 정작 부모나 교사가 어른으로서 아이들에게 해주어야 할 일은 따로 있습니다. 방임이나 학대가 되지 않도록 신경 써주는 일이 먼저입니다. 방임은 해주어야 할 일을 안 하는 것이고, 학대는 하지 말아야 할 일을 하는 것입니다. 양육자로서 아이의 손에 무엇을 쥐어줄 것인지 생각하기보다는 양육과 교육의 본질을 먼저 이해해야 합니다. 그래서 양육의 3P라는 기본적인 요소를 실행해야 합니다. Protect보호, Provide제공, Participate참여의 3P 말입니다.

부모를 포함해 어른들은 아이들에게 무한 신뢰의 보호막이 되어주어야 합니다. 무엇이든 부모가 나서서 다 해주기보다는 아이들의 정서적인 보호막이 되어주어야 하는 것입니다. 또한 적절한 교육과 필요로 하는 것을 제공해주어야 합니다. 그리고 아이들이 자신의 삶에 주도적으로 참여하도록 이끌어주어야 합니다. 이것이 부모로서 해야 할 역할입니다.

최근에는 국내 유수의 대기업이 해마다 전국의 대학교를 돌며 연간 20억 원 이상을 지출하면서 인문학 프로젝트를 진행합니다. 돈을 벌어야 할 기업이 돈을 쓰고 있습니다. 단지 이미지 마케팅을 위해서가 아닙니다. 기업의 입장에서도 인문학적 소양을 갖춘 인재가 필요함을 절실히 느꼈기 때문입니다.

인문학이 무엇입니까? 인간을 아는 학문입니다. 인성을 회복하고 길러주는 것이 주목적입니다. 이제 세상은 인성에 주목하는 시대가 되었습니다. 최고 경영자부터 모든 직원에 이르기까지 인성을 기반으로 하지 않으면 경쟁력을 강화하기 힘들어진 것입니다.

중국의 관자管子는 국가의 네 가지 근간을 '예의염치禮義廉恥'로 규정했습니다. 그중에서 한 가지가 부족하면 나라가 기울고, 두 가지가 부족하면 위험해지며, 세 가지가 부족하면 근간이 뒤집히고, 네 가지가 부족하면 결국 망한다고 말했습니다. 예의는 제도적인 면과, 염치는 개인적인 면과 연관이 있습니다. 그래서 인간의 품격을 따질 때에는 염치가 더 중요한 것입니다. 청렴하고 부끄러움을 아는, 염치 있는 인간이 되는 것이 국가의 근간이 될 만큼 중요하다니 인성의 중요성이 가히 짐작이 됩니다.

우리의 아이들이 살아갈 미래가 그렇게 지옥 같기만 한 것만은 아닙니다. 오히려 가능성과 다양성이 공존하는 기회의 세계가 될 것입니다. 그런데 결코 지식과 능력만으로 성공할 수 있는 세상이 아니기에 더욱 정신을 차려야 합니다. 부모와 교사가 정신을 차리고 어른들이 정신을 차려서 아이들의 인성을 회복시키고 강화시키기 위해 힘써야 합니다. 그것이 진짜 교육입니다.

무조건 말 잘 듣고, 좋은 학교에서 공부하고, 좋은 회사에 다닌다고 잘 사는 게 아닙니다. 부자로 사는 것과 잘 사는 것은 다릅니다. 우리가 지극히 사랑하는 우리의 아이들이 살아갈 지구촌에서 그들이 스스로의 내면을 가꾸고 타인 그리고 자연과 더불어 인간답게 살도록 이끌어주는 것은 어른들의 몫입니다. 부모는 아이들의 살아 있는 교과서입니다. 부모와 교사가 한마음이 되고 온 마을이 하나가 되어 우리의 다음 세대가 다른 세대가 되지 않고 행복하게 잘 살도록 다시 한 번 달려가야 할 때입니다.

"많은 사람들은 지식을 가지고 잠시 성공한다. 몇몇 사람들은 행동을 가지고 조금 더 오래 성공한다. 그런데 소수의 사람은 인격을 가지고 영원히 성공한다."

– 존 맥스웰

인성교육 강사 양성 프로그램

대상

• 인성교육에 관심을 갖고 전문강사로서 학교, 단체 등에서 강의할 사람

목적

• 전문적인 강의 기법을 바탕으로 인성교육의 효율성 극대화
• 참여형 학습 촉진 기법을 통한 역동적인 강의로 인성에 대한 관심 고취
• 실습과 체험을 바탕으로 단시간에 강의 스킬 향상

강의 시간

3시간 이하의 특강 또는 1일(8시간), 2일(16시간), 3일 이상의 특별 과정 운영

주제	세부 내용	학습 방법
인성교육의 이해	• 행복지수 진단 및 피드백(토의) • 현실 점검과 인성교육의 필요성 • 취업과 미래사회의 필요조건 분석 • 인성의 본질 이해(토의) • 인성교육의 방향성 정립	• 진단 • 강의 • 토의 • 동영상
인성 덕목의 이해	• 인성교육진흥법과 인성 덕목 • 인성 덕목 8개 항목의 이해(토의) • 8개 덕목별 개념 정리 및 특성 이해 • 8개 덕목별 사례 분석(실습) • 게임을 통한 인성 덕목 체험	• 강의 • 토의 • 동영상
인성교육 강의 기법	• 강사의 조건과 역할(토의) • 교육학, 심리학적 접근 • 효과적인 강의 구성의 원리 • 학습 동기 부여의 4가지 요소 • 교안 작성과 준비(실습) • 참여형 강의 촉진 기법(실습)	• 진단 • 강의 • 게임 • 실습
인성교육 강의 준비	• 강사의 소통 스킬업(진단 및 실습) • 설득적 표현의 5단계(실습) • 행동 유형별 대응 방법(진단 및 실습) • 강의 자료 발굴 및 구성법 • 예화 만들기 및 사용법 • 변화의 3단계	• 진단 • 강의 • 토의

〈인성교육 강사 양성 프로그램 내용〉

고민하는 부모와 교사를 위한 인성교육 길잡이

인성이
경쟁력이다

1판 1쇄 펴낸날 2016년 6월 9일
1판 3쇄 펴낸날 2017년 12월 13일

지은이 민승기
펴낸이 나성원
펴낸곳 나비의활주로

기획 유지은
책임편집 권영선
디자인 All design group

주소 서울시 강북구 삼양로85길 36
전화 070-7643-7272
팩스 02-6499-0595
전자우편 butterflyrun@naver.com
출판등록 제2010-000138호

ISBN 978-89-97234-77-6 03370